El arte de la sexualidad energética

Saïda Elkefi
con la colaboración del Dr. Pierre Jacquemart

El arte de la sexualidad energética

Traducción de José Serra

Si usted desea que le mantengamos informado de nuestras publicaciones, sólo tiene que remitirnos su nombre y dirección, indicando qué temas le interesan, y gustosamente complaceremos su petición.

Ediciones Robinbook
Información Bibliográfica
Aptdo. 94.085 - 08080 Barcelona

Título original: *Sexualité orientale énergétique*
© 1994 Éditions Montorgueil.
© 1995, Ediciones Robinbook, SL.
  Aptdo. 94.085 - 08080 Barcelona.
Diseño cubierta: Regina Richling.
ISBN: 84-7927-130-2.
Depósito legal: B-18.763-1995.
Fotocomposición de Pacmer, Miquel Àngel, 70-72, 08028 Barcelona.
Impreso por Romanyà Valls, Pça. Verdaguer, 1, 08786 Capellades.

Queda rigurosamente prohibida, sin la autorización escrita de los titulares del Copyright, bajo las sanciones establecidas en las leyes, la reproducción total o parcial de esta obra por cualquier medio o procedimiento, comprendidos la reprografía y el tratamiento informático, y la distribución de ejemplares de la misma mediante alquiler o préstamo públicos.

Impreso en España - *Printed in Spain*

Prefacio

Contemplado en estado de reposo, el aparato genital masculino no posee un porte altivo o majestuoso. Es algo así como una especie de pequeño y fláccido colgajo que pende ridículamente ante dos bolsas velludas de piel arrugada. Sólo durante la erección éste adquiere toda su arrogancia. Todo sucede cuando este conducto sin gracia comienza a hincharse súbitamente, a crecer, a engrosar y a endurecerse de tal manera, que el pene no desmerece en la comparación con un «pico de jade», expresión ilustrativa y muy oriental. Se convierte en algo palpitante, que hará vibrar el corazón de las mujeres para las que será el instrumento del placer supremo. Sin embargo, ningún músculo importante lo sostiene. Como en los plátanos, ¡no hay hueso en su interior! En realidad se trata del aporte de una sangre arterial, rica y generosa, que permanecerá en el pene durante el tiempo necesario para el acto sexual. Dicha sangre podría repartirse por las restantes venas, sin detenerse en el lugar deseado. Pero, bendito mecanismo natural, las venas del pene se obturan por un artificio fisiológico tan inesperado como benéfico (siempre que no exista anomalía alguna en ese nivel).

¿Eso es todo? En absoluto. La erección también está determinada por el cerebro, que es el gran activador. Para que se produzca, hay que desearlo. Sobre este hecho no se manda, ni resulta tan fácil de regular, como tendremos ocasión de ver. En realidad, es la armonía del cerebro consciente y del cerebro inconsciente la que provoca que el amor físico pueda «estallar» libremente, materializando los deseos pasionales del alma.

Un poco más tarde, como una serpiente de gran voluptuosidad, el falo va a sumergirse en la carne femenina que se ofrece a su lujuria y que se humedece gracias a un hermoso licor de amor. Los músculos se convulsionan, los cuerpos se agitan, los sudores mezclados se deslizan por la piel, los corazones se aceleran y la tensión arterial se dispara. El espíritu se embriaga de luces y sombras. Un sentimiento extraordinario invade a los dos protagonistas... Es el Orgasmo con O mayúscula, la felicidad suprema... Bueno, ¡cuando todo sale bien!

Todas las páginas de este libro no son más que himnos a la alegría. En los intrincados caminos de la sexualidad, las piedras preciosas pueden ocultar horribles sapos. La serena alegría se codea muchas veces con la desesperación.

Lea con atención esta obra, especialmente rica en enseñanzas. Descubre tanto las playas del amor dichoso como las maléficas penumbras que oscurecen los juegos eróticos.

Sin sexualidad no existiría la vida. La sexualidad constituye un tema inmenso, que Saïda Elkéfi ha conseguido tratar con gran sabiduría y mucha delicadeza. Ha sabido abordarlo para que su interés no decaiga en ningún momento y para indicarle las soluciones adecuadas a cada situación, soluciones que es importante conocer y aplicar en los casos en que resulten necesarias.

Dr. Pierre Jacquemart

Introducción

En China, las relaciones de amor mutuo entre hombres y mujeres han variado enormemente en función de las grandes épocas históricas que ha vivido el país. Durante el periodo denominado como era Houang-ti, estas relaciones parecían ser especialmente buenas. El hombre amaba a la mujer y le prestaba gran atención, tanto a ella como a su disfrute. Una reacción en sentido inverso se produjo alrededor de unos 600 años a. de C. y se perpetuó durante las dinastías sucesivas, Souei, Tan'g y Ming. Comenzó a surgir una creciente desconfianza con respecto a la mujer. Sobre todo bajo la influencia de los mongoles, se disuadió a los hombres de enseñar a las mujeres los secretos del arte erótico, por lo que ellos se convirtieron en los principales beneficiarios. Hasta el final de la dinastía Ming, se estableció una viva oposición contra la verdadera y sagrada ciencia del amor en todas sus formas, representada por el taoísmo. No fue hasta principios del siglo XIV cuando se produjo una clara liberación del pensamiento y una conducta mucho más sabia hacia este tema.

Durante varios milenios, las mujeres habían sido despojadas de su papel activo en el amor y se habían convertido en criaturas insignificantes, reducidas casi al estado de esclavitud por su soberano amo y señor masculino. Frecuentemente maltratadas, mutiladas incluso cuando sus pies eran sometidos a férreos vendajes, tuvieron que iniciar desde entonces un duro proceso de reconquista. Lo que puede haber subsistido de negativo en relación con las mujeres, a pesar de la evolución favorable de la mentalidad popular, está en parte ligado al importante papel que en Oriente desempeñan las nociones del yang, principio masculino, y el yin, principio femenino. Una cierta superstición alimentaba el temor a que, gracias al poder adquirido por la mujer sobre el hombre al hacer el amor, ella no pudiera «adueñarse de la esencia yang del hombre para nutrir su propio yin». Otras ideas subyacían bajo esta recelosa actitud. Se pensaba que las mujeres podían encontrar una fuente de juventud al alimentarse de las secreciones sexuales del hombre, agotándolo y conduciéndolo a una vejez prematura. Se trataba en cierta manera de la idea que se tiene al pensar en los vampiros, que se nutren de la sangre que extraen mordiendo nuestro cuello y que les sirve para fortalecerse y rejuvenecer.

No faltaron en China (aunque no más que en la historia de cualquier país) ejemplos de mujeres dominantes en el hogar o en el trono imperial que sirvieron de tema para los relatos más inverosímiles. Algunas imágenes han acompañado siempre al miedo que se experimenta ante el poder maléfico de las mujeres demasiado superiores, a cualquier nivel. ¿No se solía decir que acostarse con una mujer de este tipo, cuando actuaba de una manera muy ardiente, era como «acostarse con la propia Muerte»?

Los conceptos del yang y el yin en la sexualidad oriental

Estas nociones influyen sobre la concepción china del erotismo, del mismo modo que lo hacen sobre los principios que rigen la medicina tradicional china. Estos conceptos de origen oriental, aunque difundidos desde hace mucho tiempo en los círculos esotéricos occidentales, están basados en la búsqueda de una armonía suprema y sobre el concepto de energía cósmica universal. El yang es el principio masculino y simboliza el cielo. El yin, principio femenino, es el símbolo de la tierra.

Numerosas imágenes contribuyen a una mejor comprensión de las nociones abstractas que se desprenden de estas definiciones. Con frecuencia, las representaciones figurativas ayudan a que el espíritu ajeno a estas materias se inicie de una manera más sencilla y natural. De esta manera, las nubes son representadas como óvulos de la tierra que el semen del cielo, la lluvia, fertilizará. Si se considera el acto sexual como «el juego de la lluvia y de las nubes», el hombre-yang se puede ver como el encargado de distribuir la lluvia, don celestial, entre los numerosos elementos yin que comparten su lecho. De ahí se desprende que tener varias esposas o tener contactos con distintas mujeres en una misma noche no tiene nada de inmoral, lo contrario que sucede en el contexto de la moral judeocristiana, y que esto supone una justa repartición entre las energías yang y yin. También se desprende de estas nociones tan arraigadas en las costumbres orientales que el acto sexual aumenta la energía vital del hombre, pero con la condición de que no derroche su semen y de que no eyacule, o lo haga lo menos posible, en el transcurso de sus escarceos eróticos con sus múltiples compañeras. De hecho, el hombre debe asumir que de su actitud depende que las mujeres se sientan satisfechas y que esa satisfacción constituye un principio fundamental de las religiones orientales. Sin embargo, su reserva de yang es limitada. No debe desperdiciarla en emisiones demasiado frecuentes.

Por el contrario, el depósito del yin en la mujer es ilimitado, y ésta, a su vez, puede alimentarse del yang masculino para acrecentar sus reservas de yin. Hemos visto que el hombre debe prolongar el coito y demorar en lo posible la emisión del semen; pero, por su parte, también puede incrementar su potencia vital absorbiendo la esencia femenina yin. Para ello, debe intentar mantener el contacto de su verga con los órganos mucosos femeninos, procurando controlar siempre su eyaculación. Al retardar su propio orgasmo, el hombre debe hacer gozar a la mujer numerosas veces y, si es posible, actuar del mismo modo con varias mujeres de forma sucesiva. Cuando las satisfacciones sexuales son mutuas y perfectas, la armonía reina en las relaciones, incluso si son practicadas por varias personas a la vez. Cuando sienta declinar sus apetencias, el hombre tiene que alimentarlas, ya sea evocando imágenes o contemplando revistas y películas licenciosas. La mujer debe contribuir a la excitación del deseo del hombre utilizando los mismos medios. Al hacerlo, aumenta también el apetito femenino, por lo que ambos salen ganando. La mujer ha de mostrarse lasciva y sensual para elevar el deseo de los principios sexuales yang de su compañero. También debe conocer el arte de los besos, de las caricias y de los gestos eróticos específicos, como la felación y la aceptación de la sodomía.

Del mismo modo, debe evitar cualquier manifestación de celos con respecto a otra persona que no sea ella. Si se deja llevar por este mal mayor, la mujer experimentará perturbaciones nocivas en su energía vital yin e, incluso, puede llegar a envejecer prematuramente. Las inhibiciones mal controladas y la ansiedad inmotivada durante el acto sexual también pueden derivar hacia las mismas y nefastas consecuencias.

El taoísmo, ciencia sagrada del amor

El taoísmo es la expresión filosófica y práctica de una sexualidad china en la cual el acto sexual es elevado a la categoría de un arte refinado, capaz de procurar a los dos componentes de la pareja satisfacciones sorprendentemente poderosas y de larga duración. La felicidad que el hombre y la mujer obtienen de las prácticas sexuales del Tao puede parecer increíble al neófito. Las posibilidades de esta disciplina oriental resultan todavía extrañas, al menos parcialmente, para los espíritus occidentales, demasiado culpabilizados por inhibidoras influencias religiosas; asimismo, Occidente desconoce aún la sabiduría que estas muy elaboradas técnicas chinas (sin ser por ello inaccesibles a los individuos con buena disposición) permiten obtener. Aquel que se esfuerce plenamente por seguir las enseñanzas espirituales y físicas del Tao será como un ente sumido en la oscuridad, hasta el momento en que toma conciencia de la luz y el hechizo que su ser puede proyectar sobre el mundo.

La asombrosa riqueza del taoísmo en el ámbito amoroso sólo puede ser comparada a la ejecución de un erotismo que podría ser calificado de divino, si no fuese porque concierne a seres humanos sin dones especiales. A través del taoísmo, el impulso vital se transforma en sublime energía sexual. El taoísta debe explorar todos los placeres sensuales, pero sólo debe aceptar los que son refinados y de esencia suprema. El sentido de la belleza formal y de la estética del pensamiento y de la materia debe presidir las actividades terrenales de los adeptos al Tao. El odio y el desprecio hacia los demás y la falta de consideración y comprensión hacia el prójimo tienen con frecuencia su origen en los trastornos provocados por una sexualidad que no ha desarrollado todo el abanico de sus posibilidades.

El taoísmo aporta el remedio a numerosas desavenencias y conflictos, y procura felicidad a aquellos y aquellas que aplican sus principios.

Lo que confiere su fuerza al taoísmo, lo que le ha permitido sobrevivir a todos los cambios de la sociedad oriental después de más de 2.000 años, es el hecho de considerar la sexualidad como un acto natural. Su dominio total, conseguido gracias a la observación de algunos principios fundamentales y al estudio de ciertas técnicas tan efectivas como liberadoras, eleva a sus adeptos a una categoría superior, confiriéndoles un asombroso poder de encanto y seducción que les permite participar de los goces sexuales a un nivel superior. Se suele decir que las sorprendentes técnicas de la alquimia sexual china pueden prolongar increíblemente la vida. No creeremos ciegamente en tales aserciones, pero es un hecho comprobado que, a través del Tao, los ardores amorosos en ambos sexos pueden perpetuarse durante un tiempo mayor al acostumbrado, y que las satisfacciones obtenidas por los dos componentes de la pareja no tienen punto de comparación con lo que las personas no iniciadas en las técnicas del taoísmo denominan «éxtasis».

El taoísta es como una piedra preciosa en un desierto

Hemos dicho que el taoísmo no necesita ninguna predisposición especial y que, aparentemente, nada distingue a los adeptos del resto de mortales. Sin embargo, aquel o aquella que consigue asimilar plenamente el Tao se enriquece de una manera asombrosa. Sus posibilidades de actuación en materia amorosa convierten al iniciado en una especie de máquina sexual en el sentido occidental del término, es decir, en una máquina de hacer el amor de increíble eficacia; pero también su espíritu se ve modificado y se hace más humano. Sus pensamientos más profundos manifiestan un intenso amor hacia el Universo, tanto hacia el universo terrestre y accesible a nuestros sentidos como hacia el cosmos lejano, infinito, en el que estamos inmersos y del que no somos más que pequeñas partículas.

Naturalmente, el taoísta es contrario a la violencia, a la destrucción, a los males y las desgracias que con tanta frecuencia nos hacemos los unos a los otros. El taoísta forma parte de otro mundo marcado por la tolerancia y en el que la felicidad está siempre presente, ardorosa, vivaz y colorista como las flores del campo. Lo que el taoísta rechaza con firmeza son las poluciones de la ciudad y del cuerpo, y también los desórdenes generadores de desastres: el alcohol, la droga, el tabaco, el espíritu de conquista y dominación, y la falta de respeto por los sentimientos de los demás y por lo que han cosechado gracias al esfuerzo de su trabajo. Profundizando aún más en el pensamiento oriental, y aun a riesgo de crear algún conflicto en las almas no iniciadas, el taoísmo procede espiritualmente de esas lejanas regiones.

El taoísmo intenta reconciliar la armonía fundamental tanto entre las almas de las personas con las que vivimos como entre el propio espíritu y las funciones de nuestro cuerpo. El secreto para conseguirlo consiste en restablecer la armonía entre los dos principios contrarios, pero inseparables: el yin y el yang.

Estas nociones influyen sobre la concepción china del erotismo, del mismo modo que lo hacen sobre los principios que rigen la medicina tradicional china.

Estos conceptos de origen oriental, aunque difundidos desde hace mucho tiempo en los círculos esotéricos occidentales, están basados sobre la búsqueda de una armonía suprema y sobre el concepto de energía cósmica universal. El yang es el principio masculino y simboliza el cielo. El yin, principio femenino, es el símbolo de la tierra.

Numerosas imágenes contribuyen a una mejor comprensión de las nociones abstractas que se desprenden de estas definiciones. Con frecuencia, las representaciones figurativas ayudan a que el espíritu ajeno a estas materias se inicie de una manera más sencilla y natural. De esta manera, las nubes son representadas como óvulos de la tierra que el semen del cielo, la lluvia, fertilizará. Si se considera el acto sexual como «el juego de la lluvia y de las nubes», el hombre-yang se puede ver como el encargado de distribuir la lluvia, don celestial, entre los numerosos elementos yin que comparten su lecho. De ahí se desprende que tener varias esposas o tener contactos con distintas mujeres en una misma noche no tiene nada de inmoral, lo contrario que sucede en el contexto de la moral judeocristiana, y que esto supone una justa repartición entre las energías yang y yin.

También se desprende de estas nociones tan arraigadas en las costumbres orientales que el acto sexual aumenta la energía vital del hombre, pero con la condición de que no derroche su semen y de que no eyacule, o lo haga lo menos posible, en el transcurso de sus escarceos eróticos con sus múltiples compañeras. De hecho, el hombre debe asumir que de su actitud depende que las mujeres se sientan satisfechas y que esa satisfacción constituye un principio fundamental de las religiones orientales. Sin embargo, su reserva de yang es limitada. No debe desperdiciarla en emisiones demasiado frecuentes. Por el contrario, el depósito del yin en la mujer es ilimitado, y ésta, a su vez, puede alimentarse del yang masculino para acrecentar sus reservas de yin.

Hemos visto que el hombre debe prolongar el coito y demorar en lo posible la emisión del semen; pero, por su parte, también puede incrementar su potencia vital absorbiendo la esencia femenina yin. Para ello, debe intentar mantener el contacto de su verga con los órganos mucosos femeninos, procurando controlar siempre su eyaculación. Al retardar su propio orgasmo, el hombre debe hacer gozar a la mujer numerosas veces y, si es posible, actuar del mismo modo con varias mujeres de forma sucesiva. Cuando las satisfacciones sexuales son mutuas y perfectas, la armonía reina en las relaciones, incluso si son practicadas por varias personas a la vez. Cuando sienta declinar sus apetencias, el hombre tiene que alimentarlas, ya sea evocando imágenes o contemplando revistas y películas licenciosas. La mujer debe contribuir a la excitación del deseo del hombre utilizando los mismos medios. Al hacerlo, aumenta también el apetito femenino, por lo que ambos salen ganando. La mujer ha de mostrarse lasciva y sensual para elevar el deseo de los principios sexuales yang de su compañero. También debe conocer el arte de los besos, de las caricias y de los gestos eróticos específicos, como la felación y la aceptación de la sodomía. Del mismo modo, debe evitar cualquier manifestación de celos con respecto a otra persona que no sea ella. Si se deja llevar por este mal mayor, la mujer experimentará perturbaciones nocivas en su energía vital yin e, incluso, puede llegar a envejecer prematuramente. Las inhibiciones mal controladas y la ansiedad inmotivada durante el acto sexual también pueden provocar las mismas nefastas consecuencias.

Incluso el occidental más aparentemente refractario a estas nociones puede iniciarse en ellas con gran facilidad. Asimilarlas claramente y aceptar su aplicación después no representa ningún obstáculo; asimismo, esta buena disposición se ve pronto premiada con numerosas recompensas en muchos aspectos y, por la parte que nos interesa ahora, en el ámbito de la sexualidad. A condición de llevar una vida sana, exenta de nocivos desórdenes en la forma de vivir, de pensar y de comportarse con los demás, el taoísmo orienta a sus discípulos de ambos sexos hacia el amor por las cosas hermosas, los placeres terrestres y, particularmente, los goces sexuales, evitando la eyaculación precoz del semen masculino.

Mantenimiento del estado general y prolongación de la longevidad gracias a los «elixires» del taoísmo

Con toda la razón, el taoísmo considera que los preceptos que inculca para procurar a ambos sexos los beneficios de una espléndida sexualidad tendrían una mayor eficacia si los practicantes gozaran de una perfecta salud. Si los individuos que mantienen relaciones carnales en un excelente estado de forma física (en vez de consumir sus fuerzas nerviosas como hacen por lo general las personas no iniciadas en el taoísmo) aceptan someterse a una serie de cuidados cuya eficacia ha sido demostrada por la experiencia, podrían incluso intentar prolongar su vida conservando siempre un magnífico estado de salud.

Algunas de las recomendaciones son de orden general, como cultivar el espíritu y realizar siempre alguna actividad acorde con la edad, evitando en la medida de lo posible caer en un estado de indolencia no deseada.

Otros consejos son de índole dietética, como saber escoger los alimentos o consumir lo suficiente pero sin cometer excesos. Hay que desconfiar también de la tendencia a privilegiar los platos muy picantes o las bebidas alcohólicas. Con respecto a estos últimos puntos, la sabiduría oriental no difiere mucho de lo que preconizan los especialistas occidentales en dietética.

Dos elixires

Esta terminología necesita ser explicada, ya que tal denominación podría prestarse a confusión si no se añaden algunas precisiones:

El elixir externo

Para un occidental, un tratamiento externo es el que se aplica en el exterior, por regla general sobre la piel, en forma de pomadas, cremas o bálsamos. En cambio, para el taoísta se trata de una medicación que se ingiere con frecuencia por vía oral, lo que se corresponde con lo que en Occidente denominamos tratamiento por vía interna. El consumo oral se engloba en el mismo apartado que las vías inyectables subcutáneas, intramusculares e intravenosas. Otro de los aspectos específicos del elixir externo, al menos en su acepción original, es la utilización de pociones de gran complejidad, heredadas con frecuencia de los conocimientos de los alquimistas de siglos pasados. Más recientemente, los elixires externos han incorporado sustancias de descubrimiento más tardío, la mayoría de las cuales han obtenido tal repercusión que se han difundido rápidamente por Occidente. Es lo que ha sucedido con el ginseng, al que dedicamos un apartado especial.

Otro de los aspectos característicos de la concepción taoísta es:

El elixir interno

El taoísta designa así a todo lo que concierne a las relaciones del psiquismo con el cuerpo y la sexualidad. Un tipo de elixir interno sería, por ejemplo, el uso de técnicas respiratorias para purificar el cuerpo y modificar el estado del espíritu, aportándole tranquilidad y agudizando sus capacidades. La experiencia demuestra que un elixir interno puede actuar como regulador en un sentido o en otro. Así, puede provocar efectos estimulantes en el deprimido o tranquilizar a las personas nerviosas.

El taoísmo genera armonía sexual

La armonía sexual obtenida con la práctica taoísta es un equilibrio físico y espiritual al mismo tiempo. Está estructurada sobre bases teóricas muy elaboradas y sobre una técnica perfectamente codificada que hay que seguir al pie de la letra. Las grandes líneas de su filosofía deben ser escrupulosamente respetadas por los dos componentes de la pareja. No obstante, permiten introducir innovaciones para buscar una diversidad todavía mayor e incluso abrirse a inspiraciones desbocadas, pero manteniendo siempre en la cabeza los principios del taoísmo, de los que no deben alejarse nunca: prolongación de la duración del acto sexual y del placer; anhelo constante por satisfacer a la mujer; y eyaculaciones programadas y retardadas gracias a la adquisición y puesta en práctica de las sutiles técnicas del arte de amar, dentro de una óptica oriental de refinamiento. *Según el taoísmo, el perfecto amor nace de una profunda concordia espiritual, pero sobre todo física, que sólo la experiencia de la pareja puede llegar a concretar.*

En Occidente, el acento se coloca en primer lugar sobre el Amor (con A mayúscula), en el sentido de atracción mutua. El aspecto carnal tiene a veces su importancia, e incluso llega a ser primordial, pero es sobre todo el factor del «flechazo» el que excita la imaginación. Sin embargo, este tipo de relación amorosa puede desembocar a veces en experiencias sexuales de mediocre calidad. Más materialista respecto a este punto, el taoísmo insiste en primera instancia sobre la adquisición de conocimientos técnicos y sobre una concepción original del amor carnal. Éste debe conducir a una armonía perfecta, incluso si al principio nada permitía asegurar que los dos amantes estaban hechos el uno para el otro.

La difusión tardía en Occidente de los conocimientos milenarios aplicados en Oriente ha acabado por extenderse a los círculos iniciados. Los intelectuales y muy particularmente los médicos especializados en desórdenes psíquicos y en los diversos aspectos de la sexología no han dejado de apreciar las ventajas que podían obtener gracias a estas técnicas tan eficaces. De las enseñanzas sobre el control de las actividades cerebrales superiores y sobre las modalidades sutiles de los ritmos respiratorios se están beneficiando los occidentales de hoy en día, al igual que lo han hecho los orientales desde tiempos ancestrales. Estas técnicas han sido incorporadas a las medidas adoptadas en los tratamientos «psicosomáticos», así llamados porque intentan luchar contra las perturbaciones que los conflictos del alma provocan en el cuerpo.

Las grandes reglas que conciernen a la actividad sexual

Estas reglas aconsejan seguir al pie de la letra los principios del taoísmo, según los cuales:

- La actividad sexual debe ser frecuente.
- Las relaciones carnales deben durar tanto como sea posible.
- El placer debe prolongarse en la medida de lo posible, y el hombre debe procurar sobre todo que la mujer se sienta completamente satisfecha.
- El hombre debe procurar economizar su semen y eyacular sólo en intervalos bastante espaciados.
- Todas las fases del acto amoroso deben ser sucesivamente realizadas con el mismo arte que un músico de talento emplea en tocar las melodías que nos seducen.

Una relación sexual exitosa es comparable a la degustación de una buena comida

Un gastrónomo avezado no se atiborra con los entrantes y los entremeses hasta el punto de saciar su apetito. También evita comer con glotonería y prefiere degustar cada bocado de los alimentos. Tanto en materia sexual como gastronómica, nunca se llega a ser lo suficientemente artista, en el sentido de que un artista va siempre más allá de las cosas y sabe tomarse su tiempo para obtener un mejor disfrute. Para un gastrónomo, la secuencia de platos constituye la ocasión perfecta para una sucesión de placeres. Cada alimento aporta una nueva y variada satisfacción. El final de un ágape fastuoso es comparable al orgasmo de los amantes experimentados, una especie de arco iris de placeres exquisitos, duraderos y multidireccionales.

Los preceptos taoístas están estructurados sobre unas técnicas muy elaboradas

Entre las enseñanzas que prodiga el taoísmo, la más eficaz es, sin lugar a dudas, la referente al control de la eyaculación. Esta singularidad del Tao también se evidencia en el orgasmo femenino, complemento indispensable para una satisfactoria sexualidad mutua, que conduce a la pareja a un estado de éxtasis muy especial. Este éxtasis es parecido en muchos puntos al que los practicantes de diversas religiones describen ante la visión de Dios o cuando creen fundirse en un cosmos benefactor. Por lo que respecta a la pareja terrenal, esta sensación de éxtasis es como una unión suprema de ambas mentes y ambos cuerpos; en todo momento, han tenido como único objetivo llegar a una fusión tan absoluta como la que formaban cuando, hace solo un momento, funcionaban como entidades autónomas. Como veremos más adelante, el taoísmo ofrece indicaciones precisas sobre las técnicas que permiten alcanzar tal nivel de perfección.

Dedicar tiempo al amor

El taoísmo concede gran importancia al hecho de dedicar mucho tiempo al arte de amar. Pero, en el marco de la vida cotidiana, y fuera de los actos sexuales propiamente dichos, hay que saber prestar atención a las relaciones mutuas, aquellas que son testimonios de cariño y de afecto, tanto como de amor en un sentido erótico. Muchas personas no se esfuerzan lo suficiente por mantener una buena actitud en ese ámbito, tan fundamental para que la pareja esté perfectamente cimentada. Opinan que dicha actitud carece de espontaneidad, que no debe ser objeto de auténticos preparativos. Consideran que es bueno esmerarse en la preparación de una comida, en poner con arte la mesa y en cocinar con sabiduría, pero no comprenden que lo mismo sucede con las relaciones amorosas. Piensan que es excesiva la atención prestada al estado espiritual, sutil y complejo, de la relación habitual de la pareja, si no es en el marco de la actividad sexual propiamente dicha.

El tiempo dedicado a la intimidad no es tiempo perdido e, incluso si han pasado muchos años, ¿por qué no expresar las mismas manifestaciones de ternura que durante el periodo dorado de los inicios del amor? A veces es suficiente con apagar el televisor y dejar de ver uno de esos programas que a veces se mira más por rutina que por auténtico interés, para que renazca todo el erotismo y la felicidad de estar juntos que caracterizaban los primeros tiempos del amor naciente.

La aplicación de los principios del taoísmo conduce a los amantes al dominio completo del acto sexual, variando las posturas como lo hace un pintor con los colores de su paleta. Lo comprobaremos a lo largo de esta obra, en la que estudiaremos las acciones más refinadas en cada fase del acto amoroso, prestando especial atención a los besos, las caricias, las fricciones erógenas y los movimientos en los orgasmos genitales. El taoísmo también contempla el orgasmo femenino, complemento indispensable para una sexualidad mutua satisfactoria, y que sirve para conducir a la pareja a un estado de éxtasis muy especial.

La confianza mutua es el secreto del amor compartido

En una pareja, la actividad sexual es evidentemente la parte esencial de las relaciones que unen a dos seres apasionados. Sin embargo, es preciso que este clima de confianza mutua también trascienda a la realidad cotidiana. No hay que guardarse los problemas para uno mismo. La otra persona está allí para ayudarle, e incluso si su ayuda no es a veces de gran utilidad, el simple hecho de acudir a él o de pedirle su apoyo basta para que las cosas funcionen mejor y para demostrar a su pareja todo el cariño que, además del amor físico, puede aportarle.

Entre los integrantes de la pareja debe existir una gran confianza, erigida sobre un auténtico pedestal. Una confianza mutua y válida se crea poniendo especial énfasis en la sinceridad de nuestras intenciones y nuestros actos, evitando cualquier tipo de aprehensión con respecto a los que plantea nuestro compañero o compañera. Sepa expresarse si surge algún problema e intente resolverlo mediante una explicación franca y desprovista de toda agresividad o de intento de dominación. Permanezca en calma y con buena disposición, y procure relajarse; no se consigue nada bueno y no se consigue decir nada sensato en un estado de crispación. Vigile siempre por el bienestar del otro y dé prioridad a sus placeres y deseos por encima de los propios. Evite o minimice los conflictos, tanto en el plano físico como en el emocional.

Uno de los motivos más frecuentes de desavenencia es la ausencia de uno de los componentes de la pareja, ya sea debida a ocupaciones profesionales, o a relaciones sociales o familiares demasiado absorbentes. La persona que se siente demasiado sola tiene a menudo la impresión de sentirse abandonada y, por tanto, sufre. Se trata de circunstancias ajenas a su voluntad. La otra persona no puede cambiar su horario laboral ni descuidar sus deberes sociales o familiares más elementales. Sin embargo, cualquier esfuerzo por pasar más tiempo con el otro, aumentando la profusión de atenciones, será pronto recompensado con la recuperación de su confianza y con el reconocimiento a los esfuerzos realizados en ese sentido.

Preste atención a su pareja y valórela en su justa medida

Para dar firmeza a una relación que se desea duradera, el espíritu debe tener siempre en cuenta una serie de principios que ayudan a cimentar la solidez de la pareja y que impiden que se desmorone por razones muchas veces estúpidas. Preste atención, escuche a su compañero o compañera, no le interrumpa y, sobre todo, nunca se burle de sus palabras. Algunas personas perdonan los peores ultrajes, pero otras no aguantan la más mínima nadería que pueda herir su susceptibilidad. No soportan sentirse ridiculizados o que se interpreten mal sus sentimientos. A veces se toleran las mentiras, sobre todo las piadosas que intentan evitar un mal mayor o mitigar las consecuencias de problemas materiales, pero nadie soporta que se le «toree», entendiendo por ello que se le intente burlar o se le quiera poner en una situación insostenible dentro de su propio entorno. Son estas pequeñas cosas de la psicología elemental las que provocan que una amor se haga más fuerte o que fracase. Incluso puede ocurrir que algunas relaciones en las que la actividad sexual es perfecta y en las que parece que los componentes de la pareja están hechos eróticamente el uno para el otro lleguen a desintegrarse por motivos ínfimos y completamente desproporcionados con respecto a las repercusiones que tendrá la ruptura. Aprenda a refrenar sus reacciones de orgullo y su voluntad de dominación, así como a mitigar las consecuencias de su susceptibilidad. Una gran pasión puede llegar a perderse de forma definitiva y estúpida, cuando a veces sólo basta un poco de intuición, de paciencia y de tacto para poder conservar aquello que, en una ocasión, nos había costado tanto conquistar. Piense que el amor es como una flor que se cultiva. Aunque le haya costado mucho conseguirla, no basta con plantarla en su jardín. Es preciso cuidarla, regarla, hablarle (se dice que hay que hablar a las plantas como se hace con una mujer). Hay que poner todos los medios para impedir que se marchite.

Si existen divergencias en su pareja, olvídelas totalmente mientras hace el amor. Aleje de sus palabras y de sus pensamientos cualquier problema que pueda suponer un enfrentamiento. Aunque esos conflictos tengan un fundamento real y una importancia que no pueda ser eludida, ya pensará en ellos más tarde. Por el momento, no deben en modo alguno interferir en la calidad de sus relaciones sexuales. ¡Cada cosa a su tiempo! Ahora sólo importa el placer, saboréelo, no hay nada comparable sobre la faz de la tierra ni nada que pueda empañar su felicidad. Olvide las disputas, las críticas, las malas noticias de los periódicos, las preocupaciones económicas, profesionales o de cualquier otro tipo. Aleje de su pensamiento todo aquello que pueda resultar frustrante.

Todo esto suena muy bien, se dirá usted, pero, ¿y la forma de hacerlo, la manera de no sentirse angustiado por ideas obsesivas y sentimientos preocupantes? ¿La manera? ¡Pero si es muy sencillo! Sustituya las ideas negativas por pensamientos positivos. Relájese convenientemente, poniendo en práctica las más modernas y eficaces técnicas que existen para ello. Realice respiraciones controladas, especialmente las que se practican en el yoga, si es que las conoce. Asimismo, visualice las situaciones que le inhiben y le coartan, y opóngales visualizaciones todavía más intensas, pero en este caso positivas. A veces, éstas son capaces por sí solas de invertir el rumbo de una vida que parecía degradarse lentamente. Liberado el espíritu, entréguese al amor carnal. Aproveche al máximo esos momentos en los que su cuerpo parece despegarse del suelo. Saboree también la sensación de relax absoluto que surgirá tras el pleno disfrute, y no deje que nada pueda enturbiarla.

Los chakras

Trataremos aquí una noción fundamental para la comprensión de la visión de la sexualidad oriental según la tradición tántrica. La palabra Tantra posee varios significados en sánscrito: libro, trama, etc. El sentido que mejor se adapta al estudio que abordamos en esta obra es el de yoga sexual. El yogui aspira a fundirse con la divinidad a través de la unión sexual; esta connotación religiosa constituye una diferencia esencial con la filosofía taoísta.

Las distintas descripciones que se han dado sobre los chakras suelen variar bastante. Sin embargo, si nos atenemos a las concepciones más clásicas, existen siete chakras que actúan como líneas de fuerza en el recorrido ascendente de la kundalini, la energía sexual.

Localización de los chakras

- El primer chakra, **muladhara**, está situado en la parte inferior de la columna vertebral.
- El segundo chakra, **svadisthana**, se ubica en la parte central del bajo vientre, en la región sacra de la pelvis menor.
- El tercer chakra, **manipura**, se sitúa en la parte media de la zona superior del abdomen, bajo el diafragma, esto es, en la región del plexo solar.
- El cuarto chakra, **anatha**, se localiza en la región del corazón, siempre sobre la línea media del centro del tórax.
- El quinto chakra, **vishuda**, se sitúa en el centro de la garganta.
- El sexto chakra, **ajna**, está en el centro de la frente, entre las cejas, por lo que se suele a comparar a un «tercer ojo».
- El séptimo chakra, **sahasrara**, se ubica en la corona de la cabeza. También recibe el nombre de «loto de mil pétalos».

Se ha especulado mucho sobre la correspondencia existente entre los chakras, tal y como se conciben en Oriente, y las glándulas endocrinas o de secreción interna, cuyo funcionamiento constituye la base de la endocrinología occidental. En apariencia, se trata de un conflicto sin fundamento, ya que se pretende establecer correspondencias entre elementos orgánicos materiales concretos y representaciones imaginarias de los centros nerviosos inmateriales. Por tanto, no se pueden aplicar a la cartografía de los chakras los sistemas de detección electrónica que han servido para confirmar la existencia y la localización precisa de los meridianos de acupuntura.

Según la filosofía oriental, los chakras están íntimamente relacionados con la conciencia de los seres. Este sistema filosófico distingue entre siete estados físicos, emocionales y mentales que son producto del grado de control mental y de la interrelación entre los distintos chakras.

La elevación espiritual de los chakras

Desde una perspectiva oriental, el chakra muladhara, situado en la parte inferior de la escala, se corresponde con los instintos más primarios. En este nivel, la preocupación esencial y a veces única del individuo es la de sobrevivir en un universo hostil. En un grado ligeramente superior tienen lugar las necesidades más elementales, especialmente las referidas a la alimentación y a la satis-

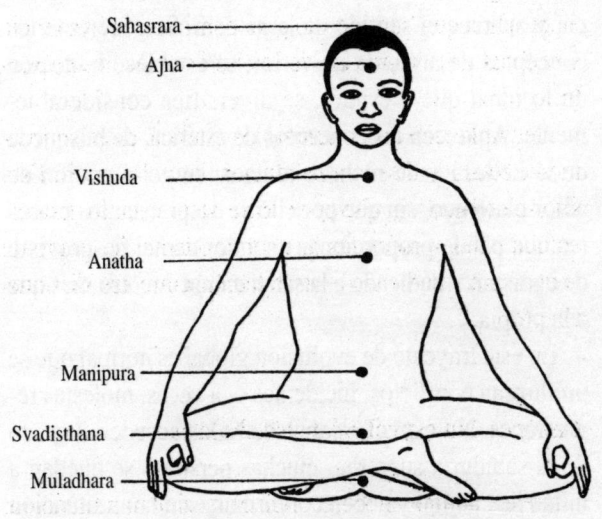

Chakras

facción del instinto sexual de una manera casi animal. A continuación se manifiestan formas de pensamiento cada vez más elaboradas, seguidas de ciertos sentimientos cuya eclosión puede ser más o menos tardía.

En el último nivel, donde funcionan armónica e inteligentemente todos los chakras, se desarrolla la conciencia y aparece el sentido de la justicia. Se concretan los conceptos de armonía universal; se establece la noción de lo ideal que, después, se diversifica considerablemente. Aparecen las conceptos de estética, de búsqueda de la belleza y de rechazo al caos; surge la noción de amor platónico, sin que por ello se desprecien los placeres que puede proporcionar un amor carnal desprovisto de egoísmo y dedicado a la satisfacción del otro más que a la propia.

En este trayecto de evolución global es normal que se produzcan conflictos, incidentes o, a veces, molestas regresiones. No está al alcance de todos acceder al grado de la sabiduría suprema: muchas personas se quedan a mitad de camino y deben conformarse con una situación inferior y mucho menos confortable. Es la ley de la naturaleza, por lo que no volveremos a discutir sobre este tema.

La ascensión de la energía sexual, la kundalini

La kundalini se concentra inicialmente en los chakras inferiores y, sobre todo, en el de la región sacra. En este estado, la energía sexual es agresiva y potente, pero elemental y poco preparada para el amor sublime. Es tan sólo una energía arrolladora, incapaz de satisfacer plenamente al otro sexo y capaz de abrumarlo e intimidarlo. La kundalini se refina a medida que asciende hacia los chakras superiores. Es como si se filtrara y se despojara de sus impurezas y de su carácter inicial. Este proceso de refinamiento se iniciará realmente con la ascensión al chakra del abdomen, manipura. Pero esto no es más que el principio y, al igual que en la «larga marcha» de Mao, queda todavía mucho camino por recorrer, ya que la kundalini debe llegar hasta el nivel del chakra superior, sahasrara, situado en la cima del cráneo.

Para alcanzar la plena perfección, la ascensión de la kundalini debe ser progresiva y ejecutada con gran simetría y simultaneidad por el hombre y la mujer. Esta ascensión energética a lo largo de la columna vertebral para llegar hasta la zona superior del cráneo es un concepto muy familiar para los orientales. Pero no sucede lo mismo con los occidentales. Los ejercicios físicos y espirituales que favorecen una imparable ascensión de la kundalini son los mismos para todas aquellas parejas que quieran beneficiarse de los conocimientos milenarios de los países asiáticos en materia de sexualidad.

Antes de lanzarse a esta gran aventura íntima, sería preciso iniciar a las parejas occidentales en algunos conceptos que les ayuden a familiarizarse y comprender la espiritualidad oriental. Provocar la ascensión voluntaria de la energía a lo largo de un recorrido jalonado de puntos precisos (aunque no directamente anatómicos) supone ya una primera dificultad.

En primer lugar, el occidental debe variar su personal concepción de la energía. Para él, se trata de una fuerza inmaterial que puede tanto incitar al cuerpo a la acción como estimular el pensamiento. Este tipo de energía no es visible ni mensurable. Por tanto, le resulta impensable que se intente controlar y dirigir a voluntad su trayectoria.

Para un oriental, la representación de la energía sexual es muy semejante a la de la materia, una materia sutil, diáfana e impalpable, pero que se desliza como un fluido y cuyo sinuoso recorrido puede seguir con la precisión que le permiten sus atávicas costumbres. Al principio, la kundalini se siente como enrollada en la parte inferior de la columna vertebral y, de forma progresiva, va ascendiendo lentamente hacia los más altos niveles corporales, como si fuese un líquido que sólo se diferencia del agua y de otros fluidos orgánicos por su ausencia de densidad. En este sentido, la energía y la materia no presentan mayores diferencias y, por ello, el oriental puede pasar, sin esfuerzo alguno y sin que se resienta su espíritu, desde la materialidad corporal hasta la sutil dispersión que confiere la kundalini en el ámbito sexual.

Otra de las dificultades que surgen en el espíritu del occidental cuando intenta controlar el ascenso de la kundalini desde la zona inferior de su espalda hasta la parte superior de su cráneo es la derivada de la imagen que, en Oriente, identifica esta energía con una serpiente que, lentamente, se va desenroscando. Esta comparación con un reptil no resulta fácil de asimilar, puesto que la imagen de la serpiente no surge de forma natural en los occidentales, especialmente en las mujeres, que se suelen espantar ante su sola mención. A aquellos a quienes esta representación no provoque especiales reacciones les será más fácil utilizarla, lo que facilitará la ejecución de los ejercicios que detallaremos más adelante.

No obstante, la experiencia ha demostrado que, en el terreno sexual, es conveniente evitar todos los actos y pensamientos que puedan generar repulsión. Éstos suelen provocar un estado de inhibición, cuyas consecuencias suelen resultar nefastas para ambos sexos. Por esta razón, aconsejamos visualizar la kundalini como una especie de espiral de luz que asciende, sin precisar otra sensación que no sea la de un calor agradable y tonificante. Esta «visualización» de la energía sexual interna con su trayecto escalonado y purificador está relacionada, desde una óptica básicamente oriental, con el equilibrio entre el yin y el yang. Esta armonía controlada de forma regular permitirá al cuerpo, inmerso en una situación de contacto sexual, un mejor desarrollo de todas las manifestaciones fundamentales del erotismo.

Para apreciar mejor las diferencias conceptuales entre Oriente y Occidente con respecto a las relaciones entre espíritu y materia, no hay más que recordar las profundas divergencias que existen entre sus idiomas, sus formas de vivir o sus religiones.

Para un occidental, el alma y la materia se sitúan en planos completamente diferentes. Son como la luz y la sombra, distintas en su esencia. Pero también puede reconocer interferencias mutuas. El occidental sabe que cualquier droga, estimulante, sedante o, incluso, el mismo alcohol pueden modificar profundamente el estado mental del que está bajo sus efectos. También reconoce que el estrés que altera su espíritu puede engendrar enfermedades psicosomáticas, siendo la úlcera de estómago el ejemplo más habitual. De hecho, el occidental admite esta interdependencia, pero no consigue explicarla.

El oriental, cuya forma de pensar está impregnada desde tiempos ancestrales por estos conceptos, ve en ello la expresión de las relaciones entre el ser humano y su envoltura cósmica. Los elementos materiales y espirituales poseen todos el mismo origen. Todo procede del cosmos, pero bajo apariencias muy distintas. Las diversidades no son más que apariencias. Estamos inmersos en una permanente ilusión, provocada por la falta de sutilidad en nuestras apreciaciones; pero todos somos, en todas las partes espirituales o materiales de nuestro ser, las llamas de un mismo fuego.

Antes de pasar a la práctica del proceso ascendente de la kundalini entre dos seres que se aman y que quieren unirse carnalmente de la forma más poderosa que existe, es preciso desarrollar otro concepto, también específicamente oriental.

Tanto en Occidente como en Oriente se conoce la enorme importancia que tiene una respiración bien coordinada, ya sea en relación a las cuestiones sexuales o a cualquier otra actividad humana. Saber respirar bien confiere el control del cuerpo y del espíritu, aun cuando se desconozcan las extraordinarias posibilidades que ofrece el yoga a este respecto. La respiración es, en esencia, el vaivén del aliento. Sobre este último, los orientales tienen un concepto mucho más amplio que el nuestro. El aliento se convierte en el «chi», palabra clave de la civilización asiática cuya grafía china se corresponde con la del vapor de agua. Se puede encontrar el chi en numerosas manifestaciones de la vida cotidiana oriental, como en el Tai Ch'i Ch'uan, por citar un solo ejemplo. También se suele representar como un grano de arroz que explota por combustión. El aliento del chi es muy distinto al de una respiración normal. Su sede reside en un punto mucho más bajo que el de la clásica respiración pulmonar o abdominal. Su centro motor corresponde a lo que los orientales denominan el hara, situado unos cuantos centímetros por debajo del ombligo. Este concepto provoca una modificación del centro de gravedad corporal, lo que lo convierte en un excelente punto de partida para el despliegue energético.

Otro de los rasgos distintivos del chi es que no se limita a la respiración convencional, sino que afecta profundamente a otros intercambios de distinta naturaleza, como por ejemplo el que se produce en los poros de la piel. En este nivel existe una imperceptible respiración cutánea, acompañada de otras manifestaciones fisiológicas como puede ser la eliminación de sudor y de grasas, cargados de residuos y toxinas. Para el oriental, la inspiración constituye una especie de nutrición procedente del entorno, y las restantes manifestaciones de exteriorización del chi permiten purificarse a través de la expulsión de las toxinas acumuladas en los distintos niveles, sobre todo aquellos que no entran en el radio de acción de los emuntorios. Así pues, esta respiración globalizadora adquiere una importancia crucial, siendo esencial para una adecuada circulación energética que contribuya directamente al equilibrio entre el yin y el yang.

En el shiatsu, que analizaremos más adelante, el masajista debe encargarse del control de la acción del chi a través de sus manos y, sobre todo, de sus pulgares. También ha de tener en cuenta la simetría que se establece entre su propio ritmo respiratorio y el de la persona receptora.

Consideraciones prácticas

La técnica por la cual la pareja estimula el movimiento ascendente de la kundalini se ve enormemente favorecida si se tienen en cuenta las observaciones precedentes. Le aconsejamos que se esfuerce en lo posible para poder abordar con mayor facilidad los ejercicios que le proporcionarán una visión oriental de la sexualidad.

Los componentes de la pareja se desnudan y se sientan sobre una sólida base de descanso. Ésta puede ser una cama que, a ser posible, no sea excesivamente mullida. La distancia entre los cuerpos ha de ser de unos 30 cm, con las piernas de la mujer colocadas sobre las del hombre. Las piernas se extenderán, pero sin que exista tensión. En esa postura, la verga del hombre suele estar turgente y la mujer comienza a humedecerse. Más tarde, el pene se vuelve untuoso y entra en erección, al mismo tiempo que la lubrificación femenina hace más deslizante el receptáculo de amor. Todo lo que sucede a continuación constituye el preludio a los auténticos preliminares clásicos. Sin ningún tipo de presión externa, las primeras manifestaciones eróticas tendrán todo el tiempo del mundo para concretarse.

El hombre y la mujer se miran profundamente, con una ternura cargada de deseo. Cada uno cree verse en los ojos del otro como en un espejo. Y, detrás de sus ojos, son sus almas las que se confunden. El contacto del cuerpo y la fusión de las miradas establecen una íntima comunicación entre la pareja, que pronto se concretará a través de una meditación más o menos larga que se traduce en un intercambio de pensamientos que sirve para aumentar el deseo mutuo de posesión.

Para los orientales, esta fase, a pesar del aspecto pasivo que parece comportar, exacerba la sensibilidad sexual en el plano emocional y espiritual, y al mismo tiempo, en el nivel físico. En este momento se inicia para ambos la visualización de la radiante espiral que, partiendo desde el chakra inferior (muladhara), irá accediendo paulatinamente a los chakras superiores, en una ascensión lenta y controlada. Debe existir una perfecta simetría entre las sensaciones de ambos componentes.

También la simetría de los alientos, según la concepción globalizadora oriental, se puede incrementar por medio de verbalizaciones.

El hombre y la mujer comienzan a hablarse mediante frases cortas. No se trata de las expresiones o discursos con vocación literaria que el hombre prodiga al cortejar, ni tampoco de las dulces respuestas que la mujer emplea para manifestar su amor. Esta verbalización, que acompaña a la visualización de la kundalini durante su ascensión chakra tras chakra, debe ser considerada sólo como una forma de concretar pensamientos, de intercambiar energías y de compartir el flujo luminoso de erotismo, que se va haciendo cada vez más denso. Los ejemplos de frases que le vamos a proporcionar no poseen un carácter de modelo inmutable. No es momento de repetir textos aprendidos, sino de liberar por medio de la palabra todas aquellas expresiones de deseo y amor que acuden espontáneamente al espíritu. La única regla es la del «eco».

Ya sea el hombre o la mujer quien hable primero, el otro asimila su expresión intentado fusionar sus pensamientos con los de su pareja.

Ambos evocarán sucesivamente cada chakra y pronunciarán en cada momento de la ascensión frases breves cuyo sentimiento se eterniza durante el proceso que conduce desde los chakras inferiores, los más primarios, hasta el sahasrara, el chakra sublime.

En el nivel del muladhara, cada uno de los integrantes de la pareja dirá con la técnica del eco: «Te ofrezco mi pasión, mi deseo sexual, mi intensa necesidad de tu cuerpo.» Más arriba, se pronunciará: «Yo soy tu sostén y tú mi fuerza.» Finalmente, en el nivel del chakra superior se expresará todo lo relacionado con el alma, el soporte moral y el anhelo de eternidad de la pasión. Lo que ofrecemos son sólo consejos de carácter general. Cada cual debe encontrar en sí mismo lo que debe decir en el momento apropiado. Es preciso improvisar y no recitar frases aprendidas. Importa poco quién de los dos se exprese primero, ya que el pensamiento es común. El que hable después no tiene más que repetir lo que haya dicho el otro, pero debe hacerlo con una gran convicción.

Tras proceder con todos los chakras y cerrar el capítulo de las verbalizaciones, se pasará a la fase de intercambios energéticos multiplicando los contactos físicos. Tampoco aquí existe una regla fija, sólo evitar que se adopten rituales rutinarios. Hay que fiarse de la inspiración, teniendo sólo en cuenta algunos principios de carácter muy general.

Importancia de la palma de las manos

En un primer momento, los dos amantes, manteniendo siempre la misma posición (desnudos uno frente al otro y con las piernas superpuestas), pondrán en contacto las palmas de sus manos después de haberlas friccionado cuidadosamente.

¿Por qué el frotamiento de las manos ejerce una acción energética?

El hecho de frotarse vigorosamente las palmas de las manos para calentarlas agradablemente forma parte de los conceptos orientales a los que los occidentales no han prestado la suficiente atención. El frotamiento debe ser enérgico y durar por lo menos treinta o cuarenta segundos. Según la filosofía oriental, las dos manos poseen una polaridad inversa.

Cuando se colocan sobre el cuerpo de la pareja estos dos polos dinamizados por la fricción generadora de calor, se produce una poderosa acción tonificante. Sucede lo mismo si se entrelazan las palmas del hombre y la mujer. Cada mano se comporta como si fuera un aparato orgánico de electroterapia. Las aplicaciones locales de las manos adquieren así un poder de acción mucho mayor. Para mantener este poder energético, es preciso repetir los frotamientos a intervalos regulares durante este periodo preliminar, tan importante para la armonización erótica. Desde esta perspectiva, el hecho de frotarse las manos no se corresponde con la concepción occidental, que ve en ese gesto la manifestación de la alegría por lo que vendrá a continuación.

Se pueden establecer otros contactos íntimos con las manos cambiando de postura, colocándose de rodillas frente a frente y sentándose sobre los tobillos. Después de frotarse enérgicamente las manos, es aconsejable entrelazar los dedos.

Como ya hemos observado, a partir de estos contactos se produce un fructífero intercambio de flujos energéticos. La traducción concreta de este estado no sólo se corresponde con un aumento del vigor general que favorece la actividad sexual, sino también con un intercambio de sensibilidades. Asimismo, se facilita la eliminación de pensamientos negativos y otros factores de inhibición.

Estos selectivos contactos corporales deben estar acompañados por una respiración amplia y profunda, voluntariamente ralentizada y entrecortada con breves retenciones de aliento. Cuando uno de los amantes se percate de que en el otro subsiste un cierto grado de tensión, puede actuar del siguiente modo: colocado frente al otro, disponer la palma de su mano izquierda en la parte superior derecha del pecho de su pareja y la otra en la zona opuesta, lo que permite respetar las respectivas polaridades. Al mismo tiempo, el o la amante debe alternar las respiraciones profundas con otras más rápidas y cortas, similares a las que se utilizan en los partos sin dolor. El amante debe sentir la sensación de que las tensiones residuales del otro se disipan bajo sus manos y se escapan por la punta de sus dedos. Se pueden mejorar los resultados obtenidos colocando las manos verticalmente a unos cuantos centímetros de los dos lados del hara (unos 4 cm por debajo del ombligo).

Los contactos con las palmas de las manos se pueden utilizar en todo momento y son muy útiles durante el acto carnal, tanto si el hombre se coloca encima o debajo de la mujer. El entrelazamiento de las manos también se puede realizar en las posturas laterales o cuando el hombre se coloca frente a la mujer. No obstante, cuando el vientre del hombre se adosa a la espalda de la mujer, o en las posturas en que el hombre acomete a la mujer por detrás, el acoplamiento de las manos no es tan fácil de realizar. La pareja se priva así de un componente energético que no se debería desaprovechar.

Caricias al estilo oriental

Las caricias, tanto masculinas como femeninas, son un factor de gran importancia en el desarrollo de las sensaciones eróticas. Hemos visto con anterioridad la conveniencia de precalentar las manos mediante fricciones vigorosas de las palmas, lo que provoca una actividad energética local. *Los principios que rigen la aplicación de las caricias orientales son sensiblemente diferentes de los que se hacen servir en Occidente.* En lugar de ser rozamientos más o menos extendidos, las caricias orientales se basan en la oposición de dos maniobras distintas: presiones estáticas, es decir, en estado de inmovilidad; y presiones dinámicas, en movimiento. Estos dos tipos de presiones se irán alternando en el transcurso de la acción.

Entre *las actividades estáticas* se pueden mencionar las presiones aplicadas en zonas muy determinadas por su alto potencial erógeno; la intensidad de éstas puede variar, pero siempre se deben ejercer sobre el mismo lugar. En la mujer, estas presiones se aplicarán, en un primer momento, sobre las manos, el pabellón auricular, la nuca, ambos lados de la cintura y la cara interna de los muslos. Las presiones sobre los senos y las regiones genitales femeninas se realizarán en fases más adelantadas. En el hombre, al igual que en la mujer, la presión sobre las zonas extragenitales puede desencadenar rápidamente el proceso, pero el varón, al ser menos sensible que la hembra, preferirá que las presiones se ejerzan primero sobre las bolsas testiculares y después sobre la verga, ascendiendo desde la base hasta la corona del glande (cuya excitación directa se producirá más tarde). Estas presiones estáticas pueden aplicarse con los dedos de ambas manos (lo que permite realizar múltiples contactos), pero deben alternarse con presiones ejercidas con los labios.

Las presiones dinámicas se aplican en las mismas zonas, pero ni los dedos ni las manos dejarán de moverse, recorriendo todo el cuerpo en una especie de trayecto errante, pero astutamente dirigido. El contraste entre estático y dinámico es, en muchos ámbitos, un factor clave de diversificación, y la experiencia demuestra su importancia capital para una adecuada actividad sexual.

Como en muchas otras actividades humanas, la diversidad desempeña un importante papel en las relaciones amorosas, por lo que es indispensable huir de la monotonía, factor muy perjudicial en el ámbito del erotismo. Si se observa un desvanecimiento progresivo del deseo en uno de los componentes, el remedio a aplicar consiste en modificar radicalmente las interrelaciones en el seno de la pareja. Nos limitaremos a señalar lo que se puede llegar a conseguir con simples cambios en el tipo de presiones ejercidas, lo que sirve para proporcionar una diversificación cuyas consecuencias en el desarrollo ulterior del acto carnal resultan asombrosas. Esta noción de diversificación debe aplicarse en todos los estadios del acto amoroso, siendo en la variación de posturas para el coito donde este concepto alcanza su significado más profundo.

Los orientales así lo han entendido, y han demostrado cómo se debe utilizar ese factor de la manera más simple y eficaz.

A continuación, vamos a comprobar cómo todas estas nociones fundamentales para el adecuado desarrollo de la sexualidad se pueden encontrar en la práctica del yoga hatha.

Aportación de las técnicas orientales para estimular el ardor sexual

En el yoga hatha se pueden encontrar desarrolladas y mostradas todas las técnicas orientales referentes a las posturas. Las distintas modalidades de posicionamiento se perfeccionaron sobre todo en la India. Las posturas del yoga reciben el nombre de asanas. Son muy numerosas, ya que cada una comporta múltiples variantes. Prácticamente todas se realizan en combinación con diversos tipos de técnicas respiratorias, rigurosamente codificadas. El yoga persigue la simetría, por lo que se recomienda al adepto que, cuando realice una postura sobre el lado derecho, la ejecute después sobre el lado izquierdo.

Las posturas y respiraciones del yoga prestan especial atención al concepto de diversificación.

Otra de las analogías con respecto a lo ya observado para las caricias de estilo oriental es la que hace referencia a la alternancia de fases estáticas, de inmovilidad en la actitud y concentración del espíritu, y de fases dinámicas, que comportan esencialmente movimientos del tronco (flexión, extensión y torsión) y de las extremidades. Esta alternancia y diversidad contribuyen a intensificar la concentración del adepto, evitando que se distraiga con pensamientos parásitos o incluso negativos, cuyos efectos nocivos son de sobra conocidos. Por ello, la práctica de la sexualidad debe impregnarse de los preceptos esenciales del yoga para obtener los resultados más satisfactorios.

El yoga ha penetrado en Occidente de forma tardía y lenta. Sus enseñanzas se introdujeron progresivamente, de manera fragmentada e incluso errónea, para aliviar sobre todo ciertos males o para facilitar la evolución favorable de determinadas enfermedades. Los primeros libros que hacían referencia al yoga subrayaban casi siempre sus efectos benéficos sobre diversas enfermedades, pero también aseguraban que esta disciplina permitía a los yoguis de ambos sexos adquirir un vigor sexual fuera de lo común. No obstante, ha habido que esperar hasta las postrimerías del siglo XX para que en Occidente se difundan una serie de tratados de base científica sobre el yoga terapéutico y sus relaciones con la sexualidad.

Por medio de la ejecución de diversas posturas del yoga se pueden regularizar los problemas de circulación sanguínea, puramente funcionales, que afectan a las regiones genitales. También es posible regular ciertos desórdenes del ámbito sexual relacionados con desequilibrios del sistema nervioso o con perturbaciones de origen cerebral.

Las impotencias psicológicas, la mayoría de las cuales están relacionadas con conflictos familiares, sentimentales, profesionales, económicos o de cualquier otro tipo, constituyen uno de los campos predilectos para las modernas técnicas de yoga. Por lo que respecta a esta obra, hay que insistir sobre las posibilidades del yoga en relación a las impotencias ligadas con el miedo al fracaso. Ciñéndonos al ámbito de la sexualidad, la práctica del yoga por parte de ambos sexos posee un amplio campo de acción en este ámbito. También es imprescindible que las perturbaciones sobre las que el yoga actúa no sean de origen orgánico o de carácter infeccioso. Teniendo esto muy en cuenta, se pueden adoptar un gran número de posturas, sobre todo para mantener el ardor viril cuando se debilita y el deseo femenino cuando se desvanece.

¿Cuál es la clave de la acción benéfica del yoga en el mantenimiento de una actividad sexual normal y en la lucha contra las perturbaciones de origen funcional?

La respuesta se puede resumir en un postulado muy sencillo, pero que ha demostrado con creces su validez:

hay que crear en el nivel de la pelvis menor un estado de «congestión activa», en el que la sangre circule con libertad para oxigenar los distintos órganos y tejidos, en contraposición a los estados de «congestión pasiva», en los que el estancamiento sanguíneo provoca efectos funestos, como se observa por ejemplo en la mayoría de reglas dolorosas. Los consejos que se exponen a continuación sobre la práctica de técnicas de yoga han sido extraídos del libro del Dr. Pierre Jacquemart y Saïda Elkéfi, *Yoga, Stress et Sexualité*, publicado por Éditions Maloine (París).

A este respecto, el tipo de postura más beneficioso es el de la pelvis formando un ángulo entrelazado, también llamada postura del zapatero. De hecho, está comprobado que los artesanos hindúes, que adoptan esa posición para trabajar, no sufren problemas prostáticos y gozan de una vida sexual muy activa. En este sentido, la postura del loto presenta también muchas ventajas. En su obra, los autores describen una variante que mejora considerablemente los efectos: el loto «entrelazado» o *Baddhapadmasana*. En la obra mencionada aparecen muchas más posturas, así como una extensa serie de tipos de respiración del yoga. Las perturbaciones sexuales de origen glandular o psíquico se relacionan con frecuencia con los conflictos provocados por el estrés. De esta manera, la impotencia y la frigidez entran a formar parte del cuadro de enfermedades psicosomáticas, por lo que son comparables a las úlceras de estómago, asmas, eccemas o colitis espasmódicas, que aparecen en las mismas circunstancias. La obra que acabamos de citar propone remediar esos problemas con un programa articulado en varios puntos:

- Aplicación de una forma moderna de relajación científica: el *Shavasana* terapéutico.
- Aprovechamiento de una técnica respiratoria especialmente sencilla: el *Nadi shodana*.
- El lector dispondrá asimismo de un amplio abanico de posturas y respiraciones antiestrés, entre las cuales el profesor de yoga escogerá la que mejor convenga en cada momento.

Mantras y sexualidad

El concepto de mantra implica dos factores extremadamente diferentes. Es un problema idéntico al que nos encontraremos en el estudio del língam. En primera instancia, existe el aspecto religioso y folclórico íntimamente relacionado con el significado del término en sí, que en sánscrito quiere decir oración sagrada. Ya se encuentran mencionados en los Vedas, manuscritos que con toda probabilidad son los más antiguos del mundo oriental. Esta connotación religiosa no entra dentro de la óptica de esta obra. Aquellos que deseen mayor información sobre este aspecto pueden acudir a tratados especializados. Este tipo de mantra está relacionado con sus acepciones más esotéricas, las que se aproximan en mayor o menor medida a los dominios de la magia.

Nuestra intención es la de abordar el aspecto práctico, «occidentalizado», del mantra, y especialmente sus aplicaciones en la toma de conciencia que comporta el acto sexual. Mucho más importantes para nosotros son los aspecto psicológicos del mantra: la emisión vocal de una serie de sonidos pronunciados de una forma determinada y sus innegables repercusiones sobre la respiración, sobre el vigor de las cuerdas vocales, e incluso sobre el psiquismo. Con respecto a este último, se adjuntan también los últimos adelantos en materia de musicoterapia. La sonoridad y la resonancia interior y exterior de un mantra poseen efectos concretos y de gran objetividad, que pueden ser percibidos y cuantificados mediante técnicas de práctica habitual en fisiología moderna.

Estos efectos también están acompañados por sensaciones subjetivas, perfectamente utilizables en el proceso de preparación sexológica. Por ejemplo, se produce una clara dinamización de la mente: está demostrado que estos privilegiados sonidos, articulados con fervor y calor, son capaces de influir decisivamente en la forma de actuar y de pensar en uno mismo y en los demás. Los que utilizan las ventajas de los mantras consideran que las vibraciones de la palabra son como las llamas vivas del ser.

Aspecto práctico

El mantra hace cantar a la vocal, según la expresión tradicional. Sin embargo, no se debe tomar la palabra «cantar» en su sentido literal.

En realidad, la música de las palabras en un mantra está más cercana a la entonación armónica y dinámica del conferenciante que a la del cantor. Se han de emitir los sonidos sobre una de las notas de acorde perfecto, sin forzar en ningún momento su registro vocal personal. En este terreno, todo aquello que se aleje de las normas suele ser poco satisfactorio, por lo que debe procurar ser guiado por alguien competente en el tema.

Actuar como aficionado conducirá a un fracaso marcado por la ausencia del sentimiento liberador que caracteriza a esta práctica y que, según algunos, constituye una especie de vínculo con el cosmos. Además, si practica el mantra en grupo, correrá el peligro, en caso de ejecución incorrecta, de ser incapaz de establecer la indispensable comunicación con los demás.

Técnica

Se adoptará preferentemente la posición en cuclillas con las piernas cruzadas, o la del loto por aquellos que practiquen yoga. También se puede permanecer de pie. Seguidamente, se «cantarán» algunas vocales muy bien seleccionadas, teniendo en cuenta las indicaciones precedentes. Cuando se encuentre la tonalidad adecuada de una vocal, surgirá la vibración torácica y laríngea más apropiada. La buena ejecución de un mantra exige una correcta respiración, no obstaculizada por ningún problema mecánico o inflamatorio. Hay que poder respirar perfectamente por las dos ventanas de la nariz y poseer una laringe desprovista de edemas, nódulos, inflamaciones o cualquier obstáculo que entorpezca su buen funcionamiento. En el caso de que exista algunos de estos problemas, habrá que poner en práctica remedios más enérgicos.

¿Cómo empezar?

Llegamos ahora a un momento clave del ejercicio. Pronuncie primero la vocal O, emitida con potencia y amplitud durante un tiempo largo, pero sin llegar nunca a crisparse o a forzar la situación. Cuando experimente un ligero cansancio, pronuncie la consonante M. Así obtiene el sonido OM. Comprobará que, aunque se esté acabando su aliento, el OM adquiere una cierta amplitud. Ello se debe a que su tórax se comporta desde el principio como un resonador de vibraciones. En las siguientes emisiones del sonido OM, deberá esforzarse por aumentar la vibración y proporcionar cada vez mayor amplitud a la consonante M. De esta manera, amplificará la calidad de la espiración, conservando la boca cerrada y los labios apretados. La atención se concentrará al mismo tiempo sobre las vibraciones del tórax, sobre la buena resonancia del sonido OM y sobre su propagación al nivel del cerebro. Se pueden controlar fácilmente las vibraciones torácicas provocadas por la práctica del mantra. Para ello, bastará con poner las palmas de las manos sobre el pecho. El neófito tendrá que realizar este control de manera sistemática, para poder percibir las mejoras en la cualidad y amplitud de las vibraciones según la forma de emitir el sonido, abriendo la boca y perfilando el círculo bucal con mayor o menor diámetro.

OM es una sonoridad privilegiada

La teoría afirma que el OM está compuesto en realidad por tres letras, A, U y M, correspondientes a tres clases de ondas sonoras. A es la onda «estática», U es la onda «de resonancia» y M es la llamada onda «oscilante». Según las reglas fonéticas del sánscrito, estas tres letras se funden en un único sonido OM, en una sola emisión de voz. Esta sonoridad se completa con una onda inaudible, pero que contribuye al poder del sonido emitido. La importancia que tiene el OM para los hindúes está confirmada por numerosas referencias literarias. Así, el Sloka del Mandukyopanishad afirma: «En verdad, OM es el principio, el centro y el final de todas las cosas». En la óptica oriental, el OM es una oposición entre las dos entidades de polaridad opuesta, el tiempo y el espacio, que engloban las energías psíquicas. Durante la vibración del OM, las dos entidades se proyectan hacia el núcleo central y provocan la explosión.

Algunas consideraciones fisiológicas

Como hemos visto, la emisión del sonido OM se divide en dos fases. En la primera, la atención se dirige hacia la vocal O, ya que sirve de base para la práctica posterior. El final de la emisión sónica de la vocal O viene seguida por la consonante M. Ésta no ejerce todavía ningún efecto especial, incluso si resuena relativamente más fuerte de lo que se podría esperar para una espiración que está a punto de acabar. Así, la emisión inicial corresponde a: OOOOOOOmmm. Más tarde, manteniendo idéntica la emisión de la vocal O, ésta se desplegará en el abanico sonoro OOOOOOOOMMMMMMMM. Los fisiólogos explican que esta forma de emitir el sonido

OM hace vibrar selectivamente la base de la garganta y la parte superior del tórax. La frase sibilina que habitualmente se recomienda para dar su auténtico valor a las sonoridades privilegiadas es: OMMani, PadmiruMM, ArhaMM, ArhaMM, ArhaMM. Algunos estudios foniátricos sobre las repercusiones de determinadas emisiones vocales han demostrado que OMM provoca la vibración de la base de la garganta y de la parte superior del tórax. ONN ejerce efectos análogos a los de OMM, pero su poder de emisión está un poco más limitado y no resuena tan bien. Podría utilizarse como una técnica sustitutoria, pero de inferior calidad.

Es posible precisar el impacto de distintas sonoridades sobre determinadas regiones anatómicas: YouMM concentra las vibraciones en el nivel de la glotis y en la parte superior de la garganta. SaMM afecta a las cavidades nasales y a la parte anterior del paladar, pero no puede asentarse convenientemente sobre la parte superior del tórax. Lo mismo sucede con LaMM, cuya sonoridad se puede silenciar fácilmente. La sonoridad RaMM presenta una naturaleza explosiva y se pueden sentir sus efectos estimulantes al cabo de varias repeticiones. Parecidas cualidades se pueden encontrar en PaMM y SaMM.

Aplicación de las mantras a los problemas sexuales

En este ámbito, el principal parámetro está basado sobre una noción específicamente oriental en sus orígenes, aunque los occidentales han sabido apreciar después sus ventajosos efectos: ALLÍ DONDE SE DIRIGE EL PENSAMIENTO SE CONCENTRA LA ENERGÍA. El mantra es un acto que viene acompañado por una fuerte concentración mental, realizada en una atmósfera interior de sublimación del psiquismo. El pensamiento se concentra sobre el sonido emitido y todo el organismo se beneficia del dinamismo que ello genera. El profesor Raymond Lautier, en *Thérapeutiques Naturelles*, subraya que: «Los sonidos simples, pronunciados en el momento oportuno y teniendo en cuenta su frecuencia, su intensidad y su duración, pueden *dinamizar los tejidos* y contribuir a su regeneración. Se deben estructurar en sílabas especiales y adecuadas, que facilitan la emisión limpia y sostenida.» Para una mejor utilización fisiológica del mantra, el autor recomienda pronunciar el sonido elegido como «si se iniciara en el bajo vientre (en la región del hara, unos 2 cm por debajo del ombligo) y ascendiera lenta y progresivamente hacia la parte superior de la cabeza».

«De esta manera, vibra todo el cuerpo, el torrente sanguíneo se acelera, el dinamismo de los tejidos se refuerza y se incrementan los distintos intercambios celulares. Gracias a esta expansión ondulatoria, en principio puramente mecánica, que hace vibrar profundamente todas las glándulas hormonales y las electriza, la producción de hormonas aumenta y se armoniza.» Así pues, se trata de una estimulación directa de la sexualidad a través de la regularización y crecimiento de las secreciones de las hormonas encargadas de los distintos aspectos del acto carnal.

Esto también puede explicar por qué la practica de los mantras es favorable tanto para el hombre como para la mujer. Como acabamos de ver, no se trata de una administración de sustancias que ejercen una estimulación terapéutica sobre la libido, sino de una técnica mecánica, absolutamente inofensiva y sin contraindicaciones, que hace resonar todas las fuerzas vitales del organismo y que activa todos los aspectos referentes a la sexualidad, tanto en un sexo como en el otro.

El empleo de los mantras no implica que se deban suprimir los tonificantes comunes ni los afrodisiacos que se crea conveniente utilizar. No obstante, aunque los efectos de esos productos sean rápidos y a veces espectaculares, la acción de los mantras regularmente repetidos constituye un tratamiento «de base» que aumentará la receptividad de la persona –hombre o mujer– ante cualquier otro tipo de tratamiento. Gracias a la incorporación de los mantras en la higiene vital cotidiana, se conseguirá sin ningún problema una modificación radical y sexualmente muy controlable de las capacidades eróticas, y no de una manera esporádica, sino duradera e incluso definitiva.

Ante las perturbaciones de la sexualidad

En tanto que ejercicio psicosensorial, el empleo de los mantras permite obtener beneficios muy concretos. Utilizando los mantras en sexología, se pueden conseguir logros muy específicos. Con la única condición de ejecutarlos correctamente, tanto en el plano técnico como en el de la selección de sonidos emitidos, los esquemas corporales se sentirán más afinados. La práctica de los mantras contribuye a mejorar las condiciones psíquicas que pueden obstaculizar el buen desarrollo del acto amoroso, y también permite enfrentarse activamente a las repercusiones psicosomáticas de los pensamientos negativos.

Acupuntura y sexualidad

¿Qué es la acupuntura?

Como su nombre indica, la acupuntura es un método de tratamiento que consiste en pinchar más o menos profundamente en la piel, utilizando finas agujas de oro o plata, sobre unos puntos específicos del cuerpo humano o de los animales, con el objeto de curar un gran número de enfermedades comunes. Se trata en esencia de una terapéutica de equilibrio y, aunque habitualmente resulta efectiva, presenta la ventaja de no dañar a los enfermos, puesto que no han de tomar ninguna droga o poción. Hay que reconocer que la acupuntura es un método terapéutico tan válido como cualquier otro, que tiene sus éxitos y sus fracasos, y que descansa sobre bases teóricas cada vez más verificadas por los estudiosos occidentales.

La acupuntura no es una ciencia estrictamente china, ya que es conocida desde hace mucho tiempo (unos siete u ocho siglos a. J.C.) en todos los países de Extremo Oriente y del sudeste asiático. Los principales méritos de los chinos son el haber codificado este procedimiento terapéutico y el habernos legado numerosos documentos escritos y dibujos que muestran el recorrido de la energía vital en los vasos denominados, como veremos más adelante, meridianos.

La acupuntura es una medicina autónoma y original. Para los chinos, el hombre presenta la misma naturaleza que los restantes seres de la creación, y participa con ellos del cosmos. Nuestro cuerpo es recorrido por la energía vital, universal, que circula por vías y canales especiales; nuestra salud depende del equilibrio entre los dos elementos básicos, el yin y el yang. La energía vital circula por esos canales o meridianos: los chinos han identificado catorce, a los que han dado el nombre correspondiente a los distintos órganos del cuerpo (corazón, pulmones, riñón, hígado, etc.). En cada uno de esos vasos existen unos puntos específicos, una especie de centros energéticos que poseen determinadas propiedades terapéuticas; es decir, que si se pincha en uno de esos puntos con agujas generalmente metálicas (acero, oro, plata...) se puede curar o aliviar, localmente o a distancia, un cierto número de enfermedades habituales, así como problemas neurovegetativos.

El origen de la acupuntura se remonta a la edad de

piedra, durante la cual los chinos hundían en la piel puntas muy afiladas fabricadas con piedra o huesos. Durante la dinastía de los Chou occidentales (siglos XI al VIII antes de nuestra era), el descubrimiento del hierro permitió sustituir las puntas de sílex por finas agujas metálicas.

Iniciación en Europa de la medicina china

Parece ser que los primeros contactos con la medicina china fueron realizados por los portugueses. Luis XIV envió a Pekín una misión de jesuitas y la primera obra que trató este tema fue, en 1671, *Los secretos de la medicina china, basados en el perfecto conocimiento del pulso*, firmada por R. P. Harvien.

La introducción de la acupuntura

Casi todo el mundo sabe que la acupuntura fue introducida en Europa por Georges Soulié de Morant, cónsul de Francia en Shanghai. A su regreso a Francia, en 1908, el «médico maestro» demostró las posibilidades de esta técnica médica china y tradujo numerosas obras. Lo que muy pocos saben es que en Francia se hablaba de acupuntura desde mucho antes y que, en el siglo XIX, en la época de Bretonneau, Bouillaud, Velpeau y Trousseau, este método gozaba de una cierta popularidad.

Algunas consideraciones teóricas

La manera de introducir la aguja desempeña un papel muy importante, ya que la curación de las enfermedades depende de la técnica manipulatoria de tonificación (en chino: *bu*) o de dispersión (en chino: *xie*). El *Nei Jing* cita en el capítulo 70, *Tiao Jing Lun* (Regulación de los meridianos), la clasificación de las enfermedades «vacías» y «llenas». Según la categoría de la afección a tratar, el médico debe saber manejar las agujas (vertical, oblicua u horizontalmente, etc.) para obtener los efectos deseados.

Es evidente que la diferenciación de los tipos de agujas es necesaria en función de que se tenga que intervenir sobre puntos superficiales o profundos, o en enfermedades agudas o crónicas. Como ejemplos, se pueden citar las agujas triangulares, las compuestas por haces o en «flor de ciruelo», y las intradérmicas (fijas), en dos formatos distintos, en chincheta y en orzuelo. El modelo chincheta se utiliza contra los dolores rebeldes o las afecciones crónicas.

¿Se debe incidir sobre el punto con una precisión absoluta, o existe un cierto margen?

En principio, el margen es muy pequeño. En la actualidad, al existir aparatos que detectan estos puntos, no existe problema alguno. Estos detectores proporcionan una gran efectividad a los tratamientos, economizan tiempo y fatiga a los operadores y desempeñan un importante papel en la anestesia por acupuntura.

¿Qué importancia tiene el tiempo de exposición de las agujas? ¿Es variable o está codificado?

No está codificado y nunca podrá estarlo, ya que cada hombre constituye un universo singular. El tiempo de exposición puede variar de unos pocos segundos a varios días (o meses), en función de la enfermedad a tratar. Así, por ejemplo, las agujas intradérmicas (las que poseen forma de chincheta o de orzuelo) se pueden dejar entre uno o siete días en el pabellón de la oreja o sobre el cuerpo, manteniéndolas con esparadrapo.

¿Cuántos pinchazos son necesarios por término medio durante una sesión?

En la práctica, una serie de acupuntura puede comportar entre seis y doce sesiones, cada una de las cuales puede durar entre cinco y treinta minutos. En el caso de dolores persistentes o crisis de paroxismo en ciertas afecciones, es necesario mantener las agujas entre treinta minutos y varias horas. Y, para aumentar la intensidad de la estimulación, se pueden manipular las agujas cada cuatro o cinco minutos, o incluso de forma continuada si resulta necesario para obtener una mejora.

Los meridianos

Los meridianos se corresponden con líneas imaginarias e inaccesibles incluso mediante disección anatómica, al igual que algunos elementos del sistema nervioso. No obstante, su existencia ha podido ser verificada mediante la ayuda de detectores electrónicos que pueden seguir sus trayectorias. En los puntos de acupuntura se producen modificaciones a causa de la resistencia eléctrica de la piel. La fabricación industrial de detectores electrónicos ha proporcionado credibilidad científica al ejercicio de la acupuntura y ha permitido una mayor accesibilidad a aquellos que no han sido educados en la noción oriental de la detección natural de los puntos de acupuntura con los dedos.

Se distinguen 14 meridianos: 2 meridianos especiales (el Triple Calentador y el Maestro del Corazón) y 12 meridianos estándares, bilaterales y simétricos, que se reparten equitativamente entre las partes superior e inferior del cuerpo.

El yin y el yang

El yin (principio femenino) y el yang (principio masculino) son las energías opuestas que circulan por los meridianos. En realidad, son complementarias e inseparables. La acupuntura se basa en la armonización de su antagonismo. Un estado de buena salud representa el equilibrio entre el yin y el yang. La enfermedad supone un desequilibrio por exceso de energía (lleno) o por insuficiencia (vacío).

El papel de la acupuntura en los problemas de la sexualidad

El papel de la acupuntura en este terreno es muy importante. La acupuntura es una ciencia autónoma, una medicina que se aplica a todas las enfermedades y a todas las perturbaciones físicas y psíquicas, es decir, no se aplica exclusivamente a la sexualidad. No obstante, su eficacia a este respecto es inmensa y es concretamente este aspecto el que nos interesa en esta obra.

Existen puntos muy específicos que se corresponden con diversas patologías sexuales o que sirven para tonificar la libido y las capacidades de ejecución del acto carnal en ambos sexos. El especialista no utiliza aisladamente estos puntos de acupuntura. Practica una medicina global (al igual que lo hace el homeópata), en la que trata simultáneamente todos los problemas de la persona que acude por un problema determinado.

Además del hecho de que uno no puede apenas pincharse solo, resulta imposible para un profano aplicarse una autoacupuntura que exige largos y laboriosos estudios para ser llevada a la práctica. Por ello, no daremos indicaciones en este sentido. En cambio, la práctica de la digitopuntura puede resultar muy sencilla para cualquier persona. En el siguiente capítulo veremos cómo este método permite una fácil autocuración. La digitopuntura deriva de la acupuntura. No presenta su amplitud de acción ni su grado de eficacia, pero, en algunos casos, permite obtener resultados muy satisfactorios, lo que no impide acudir a un acupuntor si no se obtienen los logros deseados.

Digitopuntura y sexualidad

La digitopuntura es la denominación genérica de los tratamientos realizados con los dedos sobre los puntos de acupuntura. Estos tratamientos no presentan la precisión ni la eficacia de las terapéuticas clásicas ejercidas por profesionales con las agujas especiales, pero son suficientes en algunos casos en los que no es necesario aplicar toda el saber que acumula el que ha estudiado la acupuntura durante varios años. La digitopuntura presenta las ventajas de no exigir ningún accesorio y de ser accesible a cualquier persona que, con buena disposición, se esfuerce en descubrir de forma muy precisa estos puntos, por lo demás muy sencillos de codificar.

En el terreno de la sexualidad existe un limitado número de puntos que permiten mantener la libido y las capacidades físicas que exigen las proezas sexuales. La digitopuntura se revela especialmente útil cuando las relaciones carnales alcanzan, a partir de lo ya analizado sobre el taoísmo y el tantra, un altísimo grado de perfección que se prolonga por lo general durante periodos muy largos. Estos puntos, que hemos representado gráficamente para facilitar su localización, no necesitan de ninguna explicación suplementaria para las prácticas sexuales habituales. Con el objeto de simplificar, no mencionaremos ni los términos de acupuntura relacionados con los distintos meridianos ni ofreceremos las denominaciones, a menudo muy poéticas, que los orientales les han otorgado. Señalaremos, sin embargo, que estos puntos son distintos de las llamadas zonas erógenas.

¿Cómo actuar?

En materia de sexualidad, la digitopuntura consiste en establecer un mensaje entre los dos miembros de la pareja. A partir de la selección de unas zonas determinadas y avaladas por varios siglos de experiencia, esta técnica no se limita a estimular directamente las regiones de placer, como en el caso de las zonas erógenas, sino que ayuda a crear un auténtico clima corporal en el que simples presiones de puntos relativamente minúsculos logran estremecer la totalidad de la epidermis y consiguen que vibren los órganos internos más inesperados y que emitan ondas cerebrales de estimulación erótica.

Esta sutileza sensorial constituye el reflejo del alma oriental y no hace más que confirmar todo lo que hemos visto desde el principio de esta obra. Coger la mano de la persona que se ama y se desea basta a veces, como hemos podido comprobar, para llegar a sentir escalofríos en lo más profundo de la espina dorsal. Multiplique esta sensación fortuita por el número de puntos de digitopuntura que le proponemos y se hará una idea de las múltiples posibilidades que le ofrece esta disciplina.

Algunas precauciones

Para que la digitopuntura actúe de una forma óptima, es recomendable tomar con anterioridad un baño tibio, en la medida en que esto sea posible. Las manos de ambos (es preciso que la digitopuntura sea recíproca y, con frecuencia, es el iniciado el que instruye a su pareja) deben estar calientes. Se bañarán previamente en agua caliente o, mejor, se frotarán las palmas una contra otra durante varios minutos. Después se secarán con cuidado, momentos antes de iniciar las correspondientes caricias. Las uñas deben estar limpias y convenientemente cortadas.

Cada presión debe ser ejercida en una atmósfera de relajación y receptividad absolutas. La habitación debe estar suficientemente caldeada y, en caso de encontrarse en el exterior, hay que evitar los efectos nocivos del frío. Ralentice la respiración si percibe que se acelera. Este ritmo rápido será más apropiado en una fase posterior.

Recuerde que, a pesar de practicar la digitopuntura según la codificación establecida por grandes sabios desaparecidos hace muchos siglos, usted no sabe exactamente lo que está haciendo. Sin ser plenamente consciente, está actuando sobre regulaciones energéticas. Está eliminando las tensiones generadas por un exceso de energía y, al mismo tiempo, está colmando los déficits energéticos correspondientes a los «vacíos». Así pues, concéntrese en lo posible sobre lo que está haciendo. Se puede hacer el amor y, a la vez, conservar un poco de rigor para alcanzar el objetivo común del disfrute erótico.

La acupresión

Esta técnica, derivada de la anterior, se practica durante el baño. Es preciso sustituir el habitual surtidor de ducha por otro que permita un chorro de mayor precisión, que se dirigirá a los puntos de digitopuntura señalados en los gráficos. Las embestidas del agua precederán a las del amor.

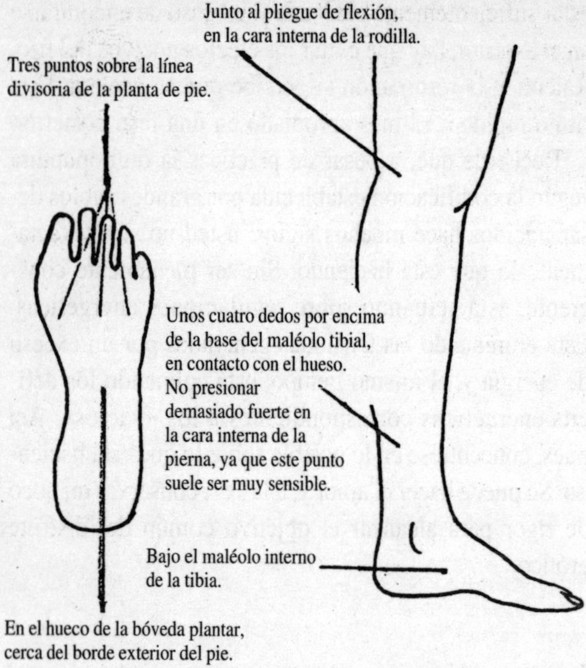

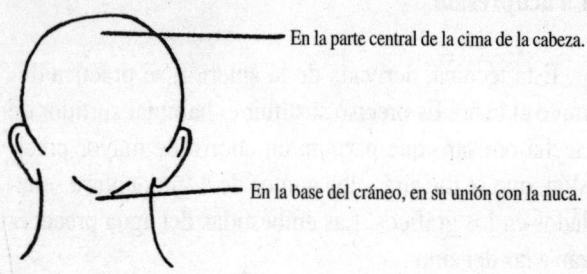

Junto al pliegue de flexión, en la cara interna de la rodilla.

Tres puntos sobre la línea divisoria de la planta de pie.

Unos cuatro dedos por encima de la base del maléolo tibial, en contacto con el hueso. No presionar demasiado fuerte en la cara interna de la pierna, ya que este punto suele ser muy sensible.

Bajo el maléolo interno de la tibia.

En el hueco de la bóveda plantar, cerca del borde exterior del pie.

En la parte central de la cima de la cabeza.

En la base del cráneo, en su unión con la nuca.

Los puntos eróticos de digitopuntura

Dos puntos simétricos en los laterales de la nariz.

Entre la parte inferior de la unión de las ventanas nasales y el centro de la zona superior del labio superior.

Dos puntos simétricos en la espalda.

Entre el pubis y el ombligo, a unos tres dedos de este último.

Cuatro puntos distintos sobre una línea horizontal en la zona por encima del pubis.

Un dedo por encima de la zona anterior.

Pinzar la punta del segundo dedo del pie; primero el izquierdo, después el derecho.

Entre la tercera y la cuarta vértebra lumbar, 1 cm por encima del principio del pliegue de los glúteos.

1 cm por encima del punto anterior.

Línea vertical de puntos sobre el sacro.

Línea en V que aglutina los puntos sobre los glúteos.

89

Shiatsu y sexualidad

Los efectos de esta especialísima técnica oriental de masaje son indirectos con respecto a la sexualidad y, sin embargo, muy positivos. De origen japonés, el shiatsu orienta sus técnicas de aplicación sobre algunos puntos claves de los meridianos de acupuntura (ya examinados durante el capítulo concerniente a esta disciplina).

A partir de presiones generadoras de vibraciones en estos puntos, el shiatsu persigue restablecer el sutil equilibrio de energías que representa un óptimo estado de salud. Estimula la dinámica energética y procura una adecuada armonía entre el yin y el yang que hace que desaparezcan las perturbaciones provocadas por enfermedades o problemas como el exceso de peso, la celulitis, la impotencia psíquica o la frigidez relacionada con desórdenes neurovegetativos. Cada uno de los puntos de acupuntura sobre los que se interviene puede producir vibraciones que ejerzan tanto un efecto tónico, en caso de insuficiencia de energía provocada por un «vacío», como una eliminación de bloqueos generadores de estancamiento de energías. El trabajo manual del especialista permitirá restablecer el dinamismo natural, así como la armonía corpórea y psíquica con el entorno.

Los conceptos del shiatsu se engloban en el conjunto de enfoques terapéuticos orientales según los cuales las perturbaciones que generan distintos estados de enfermedad orgánica o psíquica están relacionados con anomalías en la transmisión de energías circulatorias. No obstante, la técnica del shiatsu opera de una forma completamente original y, aunque utilice los puntos de la acupuntura, no emplea ni agujas ni moxacombustión, sino tan sólo vibraciones producidas localmente mediante unos dedos instruidos por expertos en la materia, con el objeto de alcanzar un óptimo grado de efectividad.

El shiatsu, contrariamente a la digitopuntura, exige un aprendizaje lento y esforzado, y sólo puede ser correctamente ejecutado por profesionales que estén en posesión de las enseñanzas clásicas de la acupuntura. El masajista del shiatsu que domine totalmente su arte debe conocer también las razones que han provocado la aparición de los problemas que va a tratar. Ha de combatir los «bloqueos energéticos» que se manifiestan en forma de estasis y de congestión local o zonal. Asimismo, tiene que actuar contra los estados patológicos de naturaleza opuesta relacionados con los «vacíos», es decir, con las insuficiencias energéticas.

El shiatsu persigue restablecer el equilibrio perturbado por esas dos causas contradictorias. El especialista en shiatsu no combatirá directamente el síntoma que presenta su paciente. No curará un estado de cansancio ni un dolor localizado o general, ni tampoco un descenso de la libido, orientado según el sexo hacia una disminución de la potencia viril o hacia la frigidez. En cualquier caso, se obtienen resultados muy favorables a partir de las maniobras ejercidas sobre unos puntos muy concretos. Estas acciones pueden compensar los «vacíos» y las deficiencias energéticas o, en el sentido opuesto, disipar los excesos de energía que vienen acompañados por estasis y estados de congestión. Se puede comparar con un ordenador que opera en función de los datos que recibe, y que analiza con una asombrosa precisión.

Así pues, los beneficios conseguidos en el terreno sexual aparecerán de forma natural y sin brusquedad. En otro sentido, el especialista en shiatsu no está exento de practicar la psicoterapia, ya que los resultados de una entrevista o cuestionario pueden resultar muy reveladores. Cuando la frigidez y la impotencia están relacionados con perturbaciones psíquicas a menudo muy antiguas, como suele ser lo habitual, es recomendable que el paciente complemente los efectos positivos del shiatsu sobre su desequilibrio neuropsíquico con relajaciones y, si es posible, con la práctica del yoga.

Si las zonas tratadas se muestran particularmente sensibles, es posible que las presiones ejercidas sobre los puntos claves lleguen a ser más o menos dolorosas. Ahora bien, es preciso que dichas presiones sean lo suficientemente enérgicas para obtener efectos tangibles. Sin embargo, ante dolores difícilmente soportables, se aconseja no insistir y modificar provisionalmente el método de trabajo. A este respecto, se pueden ejercer acciones vibratorias sobre la periferia inmediata de la zona normal de tratamiento para, progresivamente, ir accediendo hacia la parte central. También se puede reducir la intensidad de las presiones vibratorias, realizando un masaje ascendente y descendente a lo largo del meridiano o sede del punto a tratar.

Al igual que la acupuntura, el shiatsu diferencia entre acciones de tonificación y de dispersión o sedativas. Las primeras se practican con movimientos en el sentido de las agujas del reloj, mientras que las segundas lo hacen en el contrario.

Duración y frecuencia de las sesiones

Si las zonas claves del cuerpo se someten a masajes, una sesión de shiatsu dura por lo general alrededor de una hora. También se pueden hacer sesiones más localizadas y, por tanto, más cortas. En los casos agudos es habitual realizar sesiones diarias, mientras que en los crónicos se suelen practicar entre dos y tres por semana. Este último tipo de frecuencia concierne especialmente a los tratamientos de perturbaciones sexuales, tanto en el hombre como en la mujer.

Tai Ch'i Ch'uan y sexualidad

Esta disciplina característica de la China es muy conocida por los turistas, que ven como casi todo el mundo la practica habitualmente en las calles y en los espacios públicos: «el boxeo chino». También la denominan «boxeo con la sombra», denominación más explícita, ya que indica que el o la practicante expresa una especie de dulce lucha interna que persigue la alternancia de los aspectos simbólicos de la «alternancia de sombras y de luz». El individuo vive literalmente ese estado especial en lo más profundo de su ser y obtiene grandes beneficios tanto en el plano físico como en el psíquico.

En el origen conceptual de la ejecución técnica del Tai Ch'i Ch'uan se encuentra la combinación de un arte marcial y de una búsqueda iniciática como las que existen en el kung fu o en el aikido. Pero, volviendo al terreno esencial de la sexualidad, no debe sorprender el parentesco existente entre el Tai Ch'i Ch'uan y el Tao, tal como hemos comprobado ampliamente al principio de esta obra.

Hemos visto que el Tao constituye la unidad primigenia en la que tiene lugar la fusión entre el yin y el yang, energías al mismo tiempo opuestas, complementarias e inseparables, y cuyo equilibrio es indispensable para cualquier forma de salud en los distintos ámbitos y, especialmente, en el de la sexualidad. Desde esta óptica, el arte de sanar consiste en descubrir tanto los excesos de energía, localizados generalmente en zonas anatómicas concretas, como los «vacíos» o insuficiencias energéticas que aparecen en las mismas condiciones.

Una vez delimitada la cartografía de estas perturbaciones de carácter opuesto, los tratamientos se aplican en función del problema que se quiere hacer desaparecer, siempre con un espíritu global de tendencia equilibradora. Para que el terapeuta pueda actuar con total tranquilidad y una óptima eficacia, es preciso que la persona que recibe el tratamiento se abandone totalmente sin ofrecer la menor resistencia. Está comprobado que estas reticencias se traducen por lo general en contracciones musculares localizadas (o nódulos de contracción que la medicina occidental, por su parte, ha identificado y bautizado como paratonías de Kloz). El terapeuta puede combatir estas manifestaciones eventuales, pero el paciente debe prevenirlas en la medida de lo posible, y uno de los mejores sistemas para ello consiste en el aprendizaje del Tai Ch'i Ch'uan. El adepto de esta disciplina aprende a adaptarse a los torbellinos que agitan el curso de su existencia y que, con frecuencia, provocan corrientes en sentido contrario. Para impedir que le desborden estas corrientes nocivas, el individuo debe abandonarse y saber emerger periódicamente a la superficie del agua, dejando que se hunda esa parte capaz de flotar, pero que se percibe demasiado pesada y, sobre todo, demasiado rígida.

Para conservar intactas las facultades viriles o la plena feminidad en el terreno sexual, hay que saber sortear los peligrosos torbellinos y las corrientes adversas. A tal efecto, resulta ideal la combinación de un profundo conocimiento del arte del Tao y de la práctica regular del Tai Ch'i Ch'uan, lo que contribuye a la posesión de las facultades sexuales de orden superior.

La técnica del Tai Ch'i Ch'uan

Esta disciplina se presenta en forma de movimientos muy lentos y tan continuos y encadenados que da la impresión de encontrarnos ante una graciosa danza a cámara lenta. En realidad, existen numerosas figuras y posturas, al igual que en cualquier danza que esté mínimamente estructurada. En el Tai Ch'i Ch'uan, estas figuras son muy numerosas y poseen nombres precisos. De sus denominaciones se desprende la característica lírica de estilo chino: «atrapar la cola del pájaro», etc.

No podemos entrar aquí en un análisis pormenorizado. Sería necesario un libro entero o, mejor, las pacientes enseñanzas de un especialista. No se puede llegar a la perfección en esta materia sin un estudio prolongado y a conciencia. No obstante, al menos en China, se ven a diario personas de todas las edades y condiciones, tanto gruesos como delgados, cuerpos perfectamente armónicos junto a disminuidos o minusválidos, que ejecutan con gracia innata estos movimientos generadores de tranquilidad y salud.

En el periodo inicial, el neófito puede sentirse desanimado al experimentar dificultades e incluso el aburrimiento que produce la ejecución de movimientos muy concretos en un orden rigurosamente impuesto. La recompensa llegará más tarde, con una reconfortante sensación de seguridad y armonía interior. Los temperamentos místicos ven en ello una especie de identificación con el cosmos y, para algunos, se trata de un vínculo con una religiosidad de orden superior, distinta a las restantes expresiones de búsqueda de la divinidad.

El Tai Ch'i Ch'uan es muy teatral y puede compararse con manifestaciones escénicas de la mayor calidad artística. Se trata, realmente, de un agradable espectáculo para la vista. No obstante, no es ésa su intención. El que practica el boxeo con su sombra se mueve para sí mismo, y no para ser admirado. Incluso cuando hace sus ejercicios en medio de una densa muchedumbre, no busca la admiración ajena ni se preocupa por los demás participantes. Es fundamental que no exista ningún afán de competitividad. Las rivalidades o las sensaciones de superioridad o inferioridad son totalmente rechazadas en el Tai Ch'i Ch'uan.

Aspectos técnicos

Las líneas descritas con los movimientos del Taichi buscan parecerse a una traducción estética de la energía. Los gestos son siempre sinuosos, simples, graciosos, danzantes y armoniosos. Durante su ejecución, la espalda debe permanecer derecha. Nunca se debe producir una flexión amplia o una torsión del tronco. La espalda se mantiene recta y se gira siempre hacia la derecha con un ligero balanceo de la pelvis hacia adelante. El cuerpo disfruta de una gran libertad que favorece la circulación sanguínea. La permanente relajación de los hombros es un factor clave. Asimismo, hay que evitar la crispación del rostro y, sobre todo, de las mandíbulas: la elegancia debe formar parte integrante del conjunto. La continuidad en el gesto es fundamental; el rechazo de la brusquedad genera la armonía.

Existen unos 108 movimientos codificados en la práctica del Taichi, todos ellos lentos y danzantes. A pesar de la lentitud de los gestos y de su ejecución sin aparente desgaste físico, no hay que sorprenderse si vienen acompañados por una gran pérdida de sudor. Esto está relacionado con un fuerte crecimiento de la circulación energética al nivel de los tejidos y con sutiles modificaciones de los procesos metabólicos profundos.

Quien pretenda transgredir las reglas básicas de lentitud y flexibilidad en la ejecución de los movimientos del Taichi e incorporar a los mismos una actitud de fuerza, corre el riesgo de obstaculizar la libre circulación de las energías. Se producirá un bloqueo en una zona generadora de un exceso energético, lo que provocará una perturbación de las conocidas como «llenas» y, en consecuencia, la insuficiencia energética en otras regiones, víctimas del efecto de «vacío».

Por ello, aconsejamos con firmeza a los que practiquen estos movimientos que actúen con suavidad y flexibilidad, sin llegar nunca a forzar. No hay que olvidar que la auténtica fuente energética en el Tai Ch'i Ch'uan (como en el shiatsu) es el hara, el centro situado a unos cuatro centímetros por debajo del ombligo, en la línea media del bajo vientre, y que ha sido comparado, en virtud de la gran estabilidad que proporciona, a esos muñecos para niños que pueden balancearse sin llegar a caer nunca gracias a la bola de plomo que llevan en su interior.

Efectos energéticos generales

Desde un punto de vista general, el Taichi produce dos tipos de efectos. Por una parte, procura un estado de tranquilidad y relajación que algunos consideran incluso superior al que genera el shiatsu (analizado en el capítulo anterior). Por otra parte, proporciona al practicante unos efectos energéticos de altísima calidad cuyas repercusiones influirán beneficiosamente en el ámbito de las actividades sexuales. Se suelen comparar estos efectos tonificantes con los del shiatsu y el yoga, sin que se establezca una clara jerarquización entre las tres disciplinas.

Los beneficios que el Taichi procura en aspectos tan diversos se atribuyen a los efectos reguladores y armónicos de la circulación sanguínea y del sistema nervioso, conseguidos mediante eficaces técnicas respiratorias. El practicante respira de forma continua, sin pausas ni retención de aliento (contrariamente al yoga). Su ritmo respiratorio es lento, ejecutado sin cambios bruscos y sin esfuerzos. A pesar de la impresión de pasividad que este tipo de respiración produce en el que lo contempla, su acción es muy positiva. Se trata de un acto natural que, aunque casi inconsciente y ajeno a la voluntad, ejerce una innegable acción benéfica.

Repercusión del Tai Ch'i Ch'uan sobre la sexualidad

La sexualidad, tanto la del hombre como la de la mujer, encuentra un gran apoyo en la práctica del Tai Ch'i Ch'uan, gracias al equilibrio que procura esta disciplina de la estática corporal. El que lo practica adquiere una flexibilidad y una relajación corporal que aleja cualquier problema relacionado con las posturas y sus consecuencias, tales como contracciones musculares y desviaciones anatómicas, que son causa frecuente de problemas sexuales.

Esta disciplina permite la libre circulación de la energía y asegura una perfecta concienciación de nuestro cuerpo, muy adecuada para el disfrute de la sexualidad. Elimina las inhibiciones y previene contra los bloqueos que suelen aparecer en los individuos que no están convenientemente preparados para la fase de preliminares o la de plena relación carnal.

El maestro enseña a su discípulo cómo se puede relajar perfectamente por métodos distintos a los de la relajación tradicional. Asimismo, le muestra el camino para mover con total flexibilidad sus músculos con el mínimo de esfuerzo y el máximo de eficacia. El alumno aprende además a controlar su hara, ese centro energético del que ya hemos visto con anterioridad su importancia en la concepción oriental de la respiración. Del mismo modo, la utilización del hara como soporte del psiquismo modifica considerablemente las facultades de difusión de las energías corporales.

No podemos dejar de mencionar el fructífero recurso de la práctica en pareja del Tai Ch'i Ch'uan. Esta modalidad eleva esta técnica a la categoría de una filosofía superior, y está basada en movimientos simétricos muy sutiles que sólo pueden ser explicados por un maestro en ciencias prácticas orientales. Con ello, el ejercicio de la sexualidad alcanza un grado de expresión del más alto nivel.

Língams y sexualidad

Se llama língam a una pequeña piedra ovoide que simboliza el universo y que es utilizada en la práctica del sivaísmo desde el periodo prevédico, hace más de 5.000 años. Aunque su utilización aparece como algo puramente material, corresponde en realidad a un acto de la más alta espiritualidad. El empleo del língam está íntimamente relacionado con una filosofía hindú, cuyos principios son fundamentalmente opuestos a los occidentales. Esta filosofía preconiza que nada en el mundo debe ser conquistado por la fuerza y que el verdadero conocimiento consiste en realizarse a sí mismo. La Verdad (*sattyam*) sólo puede adquirirse entrando en profunda comunión con el conjunto del cosmos. Esto no se realiza a través de la conquista violenta, sino por el establecimiento de un vínculo de devoción y amor desinteresado con la naturaleza y con todos sus elementos. Esta filosofía podría parecer abstracta y teórica, pero no lo es en absoluto. Más bien al contrario, con la puesta en práctica de una de sus armas, el língam, podemos acceder a conocimientos prácticos del más alto interés y aplicables a ámbitos muy diversos.

Los orígenes del língam

La palabra encuentra su explicación en las dos raíces sánscritas que la conforman. *Lin* significa absorber y *Gam*, cuyo significado primigenio es «salir de», debe extrapolarse en tres direcciones, que son: *producir*, *comprender* (nociones que nos orientan hacia la iniciación en los misterios de la naturaleza) y *penetrar*, que nos conduce al terreno fundamental de la sexualidad.

Con intención práctica, nos limitaremos a la utilización individual del língam con fines a la vez espirituales y terapéuticos, pero es preciso saber que existe una infinidad de língams que se utilizan en templos y monumentos con ocasión de fiestas religiosas y populares. En algunas ceremonias, como las consagradas al culto de Siva-Ratry, se adornan los língams con guirnaldas de flores durante la noche, mientras se recitan plegarias a Siva a la luz de las lámparas.

Aspecto material y espiritual del língam

La piedra de color que acabamos de citar es sin lugar a dudas un material aparentemente sin valor. No es una piedra preciosa, ni un objeto raro, ni tampoco algo misterioso surgido de alguna cueva de Alí Babá. Sin embargo, cuando el adepto la contempla fijando su mirada intensamente en una vela situada tras ella, se crea una atmósfera muy especial que asocia el língam a un fuego sagrado que inflama el alma y aviva las brasas del conocimiento y de las verdades eternas. De esta manera, se disipan las tinieblas de la ignorancia y las furias inmotivadas y estériles del espíritu. Una práctica intensa y constante permite acceder a la vía de la perfección espiritual, corporal y sexual.

Evidentemente, *el aspecto religioso y folclórico* es esencial. Pero se aleja de la óptica con la que abordamos esta obra, por lo que, para mayor información, remitimos a tratados más especializados. El concepto del língam se puede resumir de la siguiente manera: la meditación que se obtiene fijando la mirada en él es una especie de culto, una adoración de los poderes cósmicos de los que es la representación simbólica. El aspecto religioso se conjuga con nociones claramente esotéricas: los materiales que componen el língam, la calidad de su revestimiento externo y su color le permiten acumular una gran reserva energética.

Por el contrario, debemos prestar mayor atención *al aspecto fisiológico*. La técnica de meditación del yogashiva concentra la mirada sobre el objeto ovoide, evitando parpadear. (En sánscrito, *sanyama* significa «la mirada que no parpadea».) Esta forma de proceder constituye un eficaz ejercicio psicosensorial que mejora la acuidad visual y desarrolla las facultades psíquicas de percepción intuitiva.

Descripción técnica

El rito de utilización del língam en la tradición religiosa comporta la ofrenda de alimentos y flores, así como el empleo de accesorios de purificación: agua, incienso, cenizas sagradas, etc. Asimismo, hay que usar ropajes especiales, propicios para la meditación. El rito no nos concierne, por lo que sólo haremos referencia al momento en el que interviene el língam. El adepto lo moja con agua y, seguidamente, lo seca con un paño de algodón fino. Después, lo coloca sobre el hueco de su palma izquierda, poniendo mucho cuidado en disponerlo como si fuera una estrella cuyos rayos estarían representados por los dedos extendidos. El oficiante habrá emplazado detrás de él y por encima de su cabeza una fuente de luz, que puede ser una simple vela.

Los manuscritos de la literatura religiosa hindú señalan que, antiguamente, la fuente luminosa era una lámpara de aceite, por lo que esta tradición continúa siendo respetada por muchos discípulos. Seguidamente, el adepto elevará lentamente la mano izquierda hasta alinearla con un punto situado entre ambos ojos, a la misma distancia de las dos cejas. Sea cual sea la fuente de luz escogida, la misión del practicante consiste en fijar en todo momento el reflejo luminoso sobre la superficie del língam. Debe procurar fusionar íntimamente su mirada y el cromatismo azul oscuro o índigo que colorea el objeto.

Se puede establecer un paralelismo con las técnicas de cromaterapia que tanto éxito empiezan a cosechar en Occidente, pero que ya fueron utilizadas hace mucho tiempo en las orillas del Ganges. Las radiaciones que emanan de este color tan peculiar permiten profundizar en la concentración y hacernos vibrar mejor, expresando de forma seductora las convicciones y deseos que subyacen en lo más profundo de nuestro interior. Para los hindúes, el índigo es el color de la intuición. Los yoguis consideran que la concentración sobre la luz reflejada por el língam despierta la «mente cósmica», cuya sede ubican en la glándula pineal (o tercer ojo).

Las etapas de concentración en el língam

- La concentración se denomina *ista-lingua*.
- Desde el momento en que el adepto siente la vibración de la luz interior, accede al estado del *pranalingua*.
- La resonancia mental de la concentración y la sensación de crecimiento de la luz interior que se experimenta corresponden al *bhava-lingua*.

Posibilidades del língam aplicado a los problemas sexuales

Los orientales consideran que, en materia sexual, el empleo del língam permite aumentar su poder magnético y sus capacidades de seducción con respecto al sexo contrario. Aunque una de las aplicaciones más conocidas del língam en el yoga terapéutico moderno es la mejora de la visión, existen otros sistemas y órganos que pueden resultar beneficiados. Por lo que respecta al tema que nos concierne, también se puede extraer un gran provecho en la actividad sexual, algo que ha sido ampliamente confirmado por una tradición de miles de años.

Una sexualidad satisfactoria en todos los aspectos exige el perfecto dominio de uno mismo y un adecuada capacidad de comunicación con la pareja. La práctica del língam, a lo largo de un proceso de aprendizaje característico de la sabiduría hindú, permite acceder a los límites de la perfección y corregir los errores del mismo modo que una lentilla asegura la correcta visión en un ojo con deficiencias. El empleo del língam no debe desvincularse de la práctica global del yoga, que traspasa las limitaciones del mundo terrestre y las nociones materiales tal como se nos aparecen, falseadas por una luz demasiado artificial. Aunque el yoga tiene por objeto liberar al hombre de los conflictos de la vida cotidiana, también intenta ponerlo en condiciones para disfrutar de los placeres más refinados y, a este respecto, está comprobado que los yoguis no tienen nada que envidiar a los occidentales. El yoga y la filosofía que encarna no han podido ser eliminados por la violencia de los invasores más bárbaros en el transcurso de los siglos. Esta filosofía está en profunda comunión con la realidad, y la mejor manera de manifestar dicha realidad es a través de una satisfactoria sexualidad, a través de la comunión física y espiritual de los dos amantes que se buscan y se aman.

Intervención de los dristhis en las prácticas sexuales

Esta técnica hindú puede ser empleada independientemente. Los yoguis recurren a ella como complemento de algunas posturas, en dos ámbitos en los que el yoga ha demostrado sus posibilidades curativas: las deficiencias de la acuidad visual y los problemas sexuales cuyo origen reside en una negativa influencia psíquica.

¿A qué se llama dristhis?

Reciben este nombre unos movimientos oculares realizados en serie, de forma precisa y con distintas modalidades. Actúan a diferentes niveles y en planos muy diversos.

Sobre el plano ocular

Activan y tonifican los músculos motores oculares. Además, pueden actuar sobre algunas deformaciones del ojo y mejorar las funciones visuales del córtex cerebral, dando al sujeto la posibilidad de controlar mejor el flujo visual y de aumentar la efectividad de la mirada. Así pues, los dristhis combinan una acción física, una acción energética y una acción cerebral.

Sobre el plano sexual

Los dristhis permiten una mejor armonización de las técnicas de postura y, sobre todo, respiratorias, empleadas para combatir las perturbaciones sexuales de origen psíquico (véase pág. 63).

Se han observado modificaciones reflejas provocadas por la acción de los dristhis. Según la naturaleza y el origen del conflicto, se escogerán los dristhis que mejor encajen con el conjunto de medidas adoptadas. En ningún caso, un dristhi puede resolver por sí solo un problema sexual complejo. Su empleo refuerza la eficacia de los restantes recursos empleados. La elección de un dristhi determinado debe ser decidida por un terapeuta que conozca los métodos orientales de tratamiento, en función de lo que el estudio científico de los dristhis ha aportado al cuadro de cuidados necesarios para la mejora de la sexualidad y de sus conflictos.

- *Nasi eka grata dristhi* consiste en dirigir la mirada hacia abajo, concentrando la visión sobre la punta de la nariz. Esto comporta, por vía refleja, una respiración abdominal y un aumento energético. Se trata de una respiración que se realiza por la base de las ventanas de la nariz, cerca del labio superior, y que alimenta la parte física del organismo. Este dristhi es recomendable para los hombres que experimenten, ocasional o permanentemente, una bajada de la libido y, sobre todo, de la energía yang necesaria para la realización del acto carnal. Se puede practicar varias veces al día y es conveniente acompañarlo con posturas de yoga, como la flexión del tronco hacia adelante, en posición sentada o de pie.

- Por el contrario, el dristhi que consiste en volver los ojos hacia arriba induce a una respiración elevada, torácica, acompañada de forma refleja por una respiración muy leve, sutil, casi etérea, y, al momento, por un estado de espíritu cercano a la meditación. Este dristhi es muy aconsejable para acentuar la relajación mental, entrando a formar parte del cuadro de estimulación del ardor sexual, sobre todo en el hombre, pero también en la mujer. Puede preceder o proseguir a cada sesión de relajación o meditación.
- El dristhi que dirige la mirada hacia la izquierda determina un aumento de la intensidad del aliento respiratorio por la ventana siniestra. El volumen de aire no se modifica en esencia, pero la tradición hindú ha demostrado que el aire inspirado y espirado por la ventana izquierda presenta un mayor poder energético sobre los efectos de este dristhi.

En un nivel práctico, pero permaneciendo en el ámbito de la filosofía oriental, este dristhi favorece la relajación acompañada de un cierto estado de ensoñación. En realidad, la ventana izquierda forma parte del trayecto del nadi *Ida*. Un nadi es un canal imaginario por el que circula la energía. Ida conduce la energía lunar, de ahí la anterior explicación sobre los efectos del tránsito por esta vía de un aire dinamizado. Su denominación en sánscrito es *candra nadi* (canal de la energía lunar). Es recomendable practicarlo durante la mañana, antes de que se disipe la energía femenina yin, y, sobre todo, por la tarde, cuando esta energía renace. Los tratamientos que conciernen especialmente a las perturbaciones sexuales femeninas exigen la aplicación de métodos de relajación y de reguladores de desequilibrios nerviosos.

- El dristhi que dirige la mirada hacia la derecha presenta efectos simétricos. La energía del prana, el aliento, pasa en esta ocasión por la ventana derecha. Ésta forma parte del trayecto del nadi *Pinga*. Es la energía de Surya, el sol, que lo recorre con un flujo muy intenso. Este dristhi se practicará muy temprano por la mañana, con la ascensión de la energía solar, que es yang, masculina. Se puede repetir por la tarde, antes de que la energía femenina yin comience su ascensión. Se aplica principalmente a las deficiencias sexuales masculinas relacionadas con la falta de vigor y vitalidad.

Los preliminares

El ambiente

El hombre sabe que debe hacer toda clase de preparativos antes de entrar de lleno en acción. Incluso antes de abordar los «preliminares» propiamente dichos, debe saber crear un ambiente propicio y emplear hábilmente su psicología antes de acometer el más mínimo acto físico.

Para alcanzar el éxito en el amor, hay que poner toda la carne en el asador y no olvidar los pequeños detalles que hacen surgir todo el encanto en el seno de las relaciones eróticas y que continuarán impregnándolo todo cuando los cuerpos se entrelacen realmente y acoplen el ritmo de las penetraciones y movimientos lascivos. No hay que subestimar las influencias en el desarrollo del acto amoroso de un ambiente general de tranquilidad y confianza, sin ruidos inquietantes o la posibilidad de interrupciones por terceros. La luz de la habitación, convenientemente tamizada, la oscuridad en algunos casos, los alimentos y bebidas excitantes al alcance de la mano, la música ambiental escogida en función de los gustos de la pareja que se quiere seducir, y tantos otros detalles, son bazas importantes en el juego amoroso.

Si bien la mujer no suele encontrar ninguna dificultad para valorarse y aparecer lo más seductora posible ante su amante, no suele ocurrir lo mismo con la mayoría de los hombres. A veces, es conveniente realizar un esfuerzo para presentarse ante la hembra con el mejor aspecto. A menudo, el hombre no cuida especialmente su apariencia física. Sin embargo, debe saber que son todas esas pequeñas cosas las que determinarán su éxito ante un gran número de mujeres. Sobre todo, hay que ser muy consciente de un factor fundamental, el que hace que las mujeres perciban una multitud de detalles –favorables o redhibitorios a sus ojos– que al hombre pasan completamente inadvertidos. A éste corresponde saber conducir la conversación y ser percibido desde el primer momento en su mejor estado. Asimismo, tendrá que saber adaptarse a la persona que quiere seducir, mostrarse amable y caballeroso, o firme pero sin autoritarismo. Tendrá que resultar interesante, hacer reír, saber contar historias divertidas o cautivadoras. Sobre todo, tendrá que persuadir a la mujer de que va a pasar con él momentos especiales, que se verán culminados por la unión carnal más satisfactoria.

Los besos

El beso suele ser considerado como el «abecé» del amor, como el acto que acompaña las primeras relaciones, incluso antes de que nazca el verdadero amor. Este gesto afectuoso toma cuerpo con el acuerdo espiritual que se produce al presionar recíprocamente los labios, y surge cuando los roces de las mejillas ya no son suficientes. Especialmente para las chicas, o para aquellos que son muy sentimentales, los besos ejercen un mágico poder sobre la imaginación. Cuando el acto sexual aparece todavía como una posibilidad muy remota, fuente potencial de deseo y temor a la vez, los besos ayudan a calmar los ardores, haciendo más concretas las promesas de placer. El beso resulta indisociable del amor, porque el que lo da está haciendo al mismo tiempo una declaración y una promesa. El que lo rehúsa realiza un acto de rechazo, incluso si se trata de una prueba de prudencia y sensatez.

La concepción china del beso

El beso en la boca se concibe de forma muy distinta en Oriente y en Occidente. Para los occidentales, el hecho de prodigar en público incluso los besos más profundos no sorprende a nadie. No sucede lo mismo en Oriente.

Sobre todo para los chinos, el beso está considerado como un acto muy íntimo, que rara vez se practica en público. Y, sin embargo, el ósculo aparece en las descripciones de los textos más antiguos referentes a las técnicas del amor carnal. El mismo concepto de beso profundo está precisado en los tratados de los sexólogos occidentales más modernos. En China, los besos son tan practicados como en cualquier otra parte, pero, sin embargo, una gran discreción envuelve tanto al acto en sí mismo (cuando menos en público) como la manera de hablar de él.

El beso, primera onda de la ola del amor

El beso es la primera manifestación entre dos personas que desean amarse. Existen tantas maneras de besar como de amar. El simple contacto de los labios cerrados es a veces tan embriagador como un aroma de jazmín; es el primer soplo de viento que estremece a la flor; pero, muy pronto, este tipo de beso no resultará suficiente.

Al igual que las caricias y las penetraciones que seguirán más adelante, los besos deben obedecer a fases largas y progresivas que se suceden unas a otras. Es el beso sencillo, límpido, tranquilo y sereno, en el que los labios se limitan a unir sus salivas húmedas, pero que representa el primer vector de una dulce onda erótica.

De forma natural, este primer beso dará paso al beso «profundo». Las puntas de ambas lenguas entran en contacto y se entrelazan dando vueltas con la gracia de dos delfines sobre las olas marinas. Una de ellas se divierte ocultándose tras la muralla nacarada de los dientes o en la pared lisa de la cara interna de una de las mejillas. La otra la descubre rápidamente. Es como si jugaran al escondite. Los amantes continúan chupándose y mordisqueándose los labios. Las presiones son cada vez más fuertes y vienen acompañadas por movimientos de la lengua en distintos sentidos, como si se quisiera dibujar un corazón en la entrada de la boca.

Finalmente, llega el beso «penetrante», en el que cada amante introduce sucesivamente su lengua en la boca del otro a la busca de contactos más profundos. La punta de la lengua se introduce lentamente hasta el fondo de la garganta. Evidentemente, esto solo dura unos pocos segundos, pero es suficiente para provocar un delicioso sofoco. A veces es tan intenso, que satisface una cierta aspiración hacia lo absoluto. Algunos besos pueden llegar a provocar en la mujer el orgasmo, o un estado muy parecido. La riqueza de las terminaciones nerviosas de la zona bastan para explicar este fenómeno. En cualquier caso, siempre será un buen augurio para la sinfonía erótica que vendrá a continuación.

Desnudarse

Hay que conocer las posturas más convenientes para emprender las primeras acciones. Se puede permanecer de pie al principio; pero hacer que la mujer se siente o, mejor, se tienda, facilita enormemente los preparativos. Algunos besos y caricias discretas precederán al momento de desnudarse. Es conveniente que el hombre participe tanto como pueda en este proceso, porque así podrá apreciar si la mujer esta dispuesta a abandonarse totalmente o si todavía opone cierta resistencia. En este caso, hay que descubrir si se trata de una auténtica reticencia, un acto de pudor o de temor, o si la mujer quiere simplemente intensificar el duelo erótico, que es entonces el del gato y el ratón, o una reminiscencia del juego del escondite en el que el placer debe ser sorprendido y puesto al descubierto.

Algunas mujeres se encontrarán totalmente desnudas ante su amante sin necesidad de ninguna palabra o esfuerzo. Esto puede constituir la señal de una necesidad imperiosa de relación sexual; pero también puede significar un desafío. En ese momento, cuando aún no ha empezado el verdadero acto y nuestra pareja ya está desnuda, los esfuerzos por seducir son todavía más difíciles, y hay que saber buscar los argumentos que la inciten a entregar su cuerpo a las caricias más íntimas. En cualquier caso, el hombre debe evitar cualquier acto precipitado. Si su pene está erecto, puede enseñarlo a la mujer. Muchas estarán satisfechas de esa manifestación de amor y de deseo. Para otras, en cambio, aún no será el momento de que el hombre muestre su ardor. Se trata de una cuestión de tacto, de experiencia y, sobre todo, de intuición.

Cuando se conoce poco o mal a la pareja, las reacciones que manifieste ante cualquier situación pueden conducir a engaño. Pero cuando se esté un poco experimentado, es fácil prever lo que le dará placer y lo que no. El hombre avezado sabe también que, con el bello sexo, nada suele ser inmutable y que los caprichos son una de las prerrogativas femeninas. Los primeros gestos del hombre pueden dirigirse al acto de desnudar a su pareja, a quitarle los zapatos y las medias tras desabrochar certeramente las ligas, lo que le indicará que no está realizando sus primeros pinitos en el tema.

Seguidamente, acariciará sus cabellos, las mejillas, el cuello, los brazos y los senos, antes de quitarle las bragas y comenzar a recorrer con sus dedos el triángulo sagrado. No se trata del triángulo de las Bermudas pero, no obstante, no es muy sensato aventurarse con ciertas mujeres sin adoptar precauciones. Cuando la mujer lo muestra libremente, hay que contemplar con admiración ese triángulo, ya sea dorado o negro como el azabache. En muchas ocasiones, la mujer no se sentirá orgullosa de su sexo, que le resulta desagradable. Basta con recordar que muchas niñas de corta edad se quejan de no disponer del pene de los niños, tan móvil y práctico para orinar. Durante la edad adulta, estas sensaciones pueden resurgir, consciente o inconscientemente. El hombre hará bien en rasurar a la mujer y asegurarle que nunca ha visto nada tan hermoso como ese sexo que querría ver de más cerca y tocar con sus dedos y su pene.

Entrar en contacto

Tras los primeros intercambios sentimentales, es el momento de pasar a actos más concretos y de acceder a la barca del amor carnal, que se deslizará sobre ríos de voluptuosidad. Para que el viaje sea compartido, es conveniente no forzar la situación y hacer fluir progresivamente la savia erótica que inundará a la pareja al final del trayecto. La penetración del falo en las mucosidades vaginales se empieza a vislumbrar, cada vez más cerca. Es como cuando se miran los pasteles desde el escaparate antes de entrar en la pastelería.

Besos más repartidos

Ahora, los besos se alejarán de las primeras regiones privilegiadas, el rostro y el cuello, para repartirse por el resto de zonas sensibles del cuerpo, esas regiones tan sensibles que han sido denominadas zonas erógenas. En esta fase inicial de los prolegómenos, se evitará la intervención sobre las zonas propiamente genitales, reservando esas partes exquisitas para más adelante. El amante precipitado se olvida por lo general de besar todas esas zonas, sobre las que hay que aplicar discretas presiones o ligeros rozamientos, a veces más intensos, y, en una fase más avanzada, besos-ventosa con succiones dulces o mordisqueantes. Y, sin lugar a dudas, la mujer le seguirá el juego.

Las caricias viajeras

También se prodigarán por todo el cuerpo, pero excluyendo al principio las regiones genitales.

En un primer tiempo, el hombre tomará la iniciativa y el papel de la mujer se limitará a relajarse para saborear mejor los futuros espasmos del placer. Cuando se libere de toda inhibición y se manifiesten sus primeras emociones, ella se soltará y empezará a repartir sus caricias por el cuerpo del hombre. Sus zonas erógenas extragenitales son menos numerosas y, con frecuencia, menos receptivas que las de la mujer. Hay que saber detectarlas y actuar sobre ese nivel. El cuello suele ser muy sensible, mientras que los pechos lo son menos. El vientre, la cara interna de los muslos y las plantas de los pies son regiones que se deben explorar cuidadosamente.

En el hombre, las zonas erógenas fundamentales están prácticamente siempre en las regiones genitales, cuya intervención se produce en la siguiente fase. Un gran experto oriental en cuestiones sexuales decía que se podía averiguar la importancia que la mujer concedía a una parte de su cuerpo según la forma y el tiempo que dedicase a contemplarla. Por tanto, cuando el hombre está ocupado en excitarla recorriendo con sus caricias las partes más variadas de su cuerpo, la mujer suele dirigir su mirada hacia una zona muy determinada. Así pues, el hombre debe intervenir sobre esa región que la mirada de la mujer le ha señalado como primordial. Debe esforzarse especialmente sobre dicha región, prodigándole todas las atenciones que acudan a su inspiración. La mujer se lo agradecerá convenientemente, incluso si accede a un estado de semiinconsciencia y entreabre espontáneamente sus piernas para que de su vulva fluya el precioso líquido que tanto facilita los embates del amor.

Los senos y el erotismo

A continuación examinaremos cómo se comporta la zona erógena femenina más propicia para despertar los deseos sensuales: los senos.

La importancia de los senos en el simbolismo de las relaciones amorosas es muy relevante.

Con respecto a este tema, las modas evolucionan mucho y, según las épocas, los climas y las etnias, se prefieren voluminosos o normales, incluso pequeños. Los senos menudos no son menos agradables de acariciar y pueden procurar, al igual que los de mayor volumen, sensaciones muy voluptuosas.

La visión de los senos es muy excitante para el hombre, siempre que éstos sean de la forma y el volumen que él desea. La falta de senos o los pechos caídos, flojos o arrugados suelen ser poco apreciados por los hombres. En función de los gustos masculinos, algunas mujeres se sienten obligadas a modificar la forma de sus pechos, a reducir su volumen o a aumentarlo artificialmente a través de prótesis implantadas mediante cirujía estética.

Como se puede fácilmente comprobar, algunas mujeres pueden alcanzar un orgasmo completo tan sólo con la fricción o la succión de los pechos. De hecho, se pueden observar grandes variaciones con respecto a las sensibilidades individuales de las aureolas y de los pezones, que son las zonas erógenas de este nivel. La excitación erótica se suele traducir en un ligero aumento de su volumen global, al tiempo que la punta del seno parece entrar en erección bajo la influencia de las contracciones de los músculos de la areola y del pezón.

El seno está desprovisto de aparato eréctil, contrariamente al clítoris y al miembro viril. El fenómeno que alza y endurece los pechos recibe el nombre de «telotismo». Este extraño nombre no empaña su atractivo, y se suele acompañar por un aumento de la tonalidad rosada del pecho y de la pigmentación del pezón.

Las restantes zonas erógenas

Para algunos, las caricias entremezcladas con besos que se suceden en los preliminares constituyen algo demasiado parecido a lo que se realizaba en un principio durante la fase de los primeros acercamientos.

Ahora se procederá con mayor ardor e intensidad, prodigando las estimulaciones en las mejillas y en los ojos, cuyos párpados también se lamerán dulcemente. Asimismo, hundir la punta de la lengua en el hueco de la oreja puede procurar intensos placeres. Algunas zonas que todavía no habían sido exploradas, lo serán ahora durante los preliminares: las caderas, el bajo vientre, la cara interior de los muslos o las axilas se convertirán, mediante una estratégica acción estimuladora, en estremecidos nidos de amor. Se ha de prestar especial atención a los pies y, sobre todo, a su planta: los besos dispersos y las caricias suaves se acompañarán con presiones en las zonas más receptivas y con tracciones y fricciones sucesivas en los dedos.

Una zona erógena genital, utilizable por ambos sexos: el perineo

El perineo corresponde al cierre anatómico inferior de la pelvis, en la parte más baja del cuerpo, entre las piernas. Su forma es romboidal y está subdividido en perineo anterior (que alberga la uretra en el hombre y la vagina en la mujer) y perineo posterior (que finaliza en el ano). El perineo muestra una gran sensibilidad a la estimulación, debido a su gran riqueza de terminaciones nerviosas. El mejor punto de excitación para elevar la temperatura erótica reside entre la parte posterior de la vagina y el orificio del ano, situado a un centímetro de la anterior. Esta zona debe contarse entre las que merecen ser estimuladas en el transcurso de los preliminares.

En el hombre, la zona erógena se localiza a medio camino entre el ano y la inserción abdominal de las partes superior y posterior de las bolsas testiculares.

¡Motores en marcha! La etapa de excitación genital directa

Para provocar la excitación en este nivel, es conveniente que cada integrante de la pareja se inspire en lo que hace el otro sexo durante la masturbación. La subida de la excitación provocada por los besos, los contactos y las caricias ha servido para que ambos estén convenientemente preparados para proceder a las estimulaciones propiamente genitales.

Éstas deben realizarse también de manera progresiva. La manipulación por parte de la mujer de los órganos genitales masculinos puede realizarse libremente, con la única condición de no provocar nunca una eyaculación precoz. Las estimulaciones en la mujer son más delicadas. Es recomendable que sean en primer lugar periféricas, para concentrarse progresivamente en las zonas claves. Con mucha delicadeza, el hombre excitará con la punta de los dedos el contorno de la vulva, acariciando los pelos del pubis o los que recubren los labios mayores. Las fricciones en estos pelos y los posteriores contactos entre las pilosidades genitales del hombre y la mujer generan una electricidad estática que favorece la erotización. Suavemente, el hombre estimulará los labios mayores mediante fricciones y pequeños y repetidos pellizcos. Después, realizará lo mismo con los labios menores.

Los labios mayores suelen estar cerrados, descansando sobre el aparato genital femenino externo para protegerlo. Tras su capa de vello, estos labios recuerdan en cierta manera a los de la boca. Cuando una mujer se excita sensualmente, sus labios mayores se despliegan y se extienden sobre las ingles, con lo que se abren las regiones genitales internas para dejar a la vista los labios menores y sus íntimas estructuras sensitivas.

También los labios menores están habitualmente cerrados. Con la excitación sexual, aumentan su volumen y sobrepasan ampliamente el de los mayores. Además, cambian de color: según la pigmentación de la piel y el número de niños que haya tenido la mujer, la coloración puede variar desde el rojo intenso hasta una tonalidad violácea oscura.

A continuación, el hombre realiza aproximaciones circulares, cada vez más cercanas, en torno al clítoris, momentos antes de entrar en contacto con ese órgano del placer. El clítoris, familiarmente llamado «botón», está situado en la unión superior de los labios menores. El cuerpo del clítoris presenta una parte posterior, la raíz, y una parte anterior que conforma su extremidad libre, hinchada, cónica y aterciopelada. Cuando la mujer se encuentra excitada, el glande puede hincharse hasta duplicar su volumen. Sin embargo, sea cual sea el grado de aumento, estas modificaciones de volumen son deudoras de los cambios de longitud y espesor de los labios menores. Cuando una mujer alcanza el más alto grado de excitación sexual y está próxima al orgasmo, todo el clítoris se retrae hacia el interior y hacia abajo, en dirección hacia la vagina, hasta que el capullo clitoridiano lo oculta por completo. Si, en ese momento, la excitación decrece, el clítoris vuelve a aparecer. Cuando aumenta el nivel de erotización, éste vuelve a retroceder.

La exquisita sensibilidad del clítoris es tal, que cuando se realizan fricciones demasiado fuertes sin que esté suficientemente preparado, se pueden provocar sensaciones dolorosas en lugar de las voluptuosas que deseamos. Hay que tener muy en cuenta su situación anatómica y su forma, con frecuencia variables según las mujeres, así como las modificaciones que se producen durante la excitación. Si todo funciona a la perfección, éste se hincha, se endurece y se colma de una sangre que oscurece su coloración.

Algunas mujeres son más sensibles a las excitaciones en su parte izquierda que en la derecha, o viceversa. Otras prefieren los movimientos de vaivén ascendentes y descendentes, como los que se realizan sobre el falo.

Otras obtienen un gran placer con la ayuda de presiones rítmicas, que pueden llegar en ocasiones al pellizco, siempre y cuando se haya alcanzado un elevado grado de erotización. También las excitaciones circulares pueden ser una fuente de placer muy apreciada.

En el caso de que la mujer acceda a comunicar de forma precisa lo que está sintiendo, sus indicaciones sobre la intensidad de las estimulaciones y sobre los efectos de su lentitud o rapidez de frecuencia son índices de extraordinaria validez. El éxito de estos avances masculinos en su excitación se traducirá en la proyección hacia adelante de los órganos sexuales femeninos. La vulva de la mujer se pega literalmente a sus manos o a su lengua, completamente húmeda de deseo. Su cuerpo se convulsiona y agita, expresando su necesidad cada vez más imperiosa de ser poseída. Los espasmos que sacuden las distintas partes de su cuerpo son indicadores positivos que señalan al hombre hasta donde puede llegar en la realización del acto sexual.

Atención, caballeros: la eventualidad de un cambio de ritmo

Si se produce una bajada de la excitación femenina, modifique en un sentido u otro los tipos de estimulación y, sobre todo, diversifíquelos.

Si la mujer tiende a rehuir su contacto, si sus órganos genitales parecen apartarse de sus dedos o su lengua, es que se ha producido un estado de inhibición. Hay que mostrarse paciente e intentar encontrar la explicación. Querer forzar la excitación cuando la mujer no está en disposición de ello conduce a un fracaso seguro. Reparta nuevamente sus caricias, dirigiéndolas preferentemente hacia los senos, para comenzar. Por el contrario, si todo ha funcionado con normalidad, es el momento de iniciar las estimulaciones vaginales, limitándose a su parte inicial (o vestibular), cuya sensibilidad es muy grande debido la riqueza de su inervación.

De hecho, las restantes partes de la vagina, hasta su finalización en el cuello de la matriz, son muy pobres en terminaciones nerviosas táctiles. Incluso cuando están sometidas a presiones o suaves contactos, sus paredes internas son prácticamente insensibles. Una prueba de esto la encontramos también en las intervenciones quirúrgicas ginecológicas realizadas cn esta región, que no provocan dolores considerables. En estado de reposo, la vagina está normalmente cerrada sobre sí misma, de tal manera que sus paredes se tocan en toda su extensión. Ante una excitación sexual, la primera reacción de una mujer es la lubrificación vaginal. Sus paredes producen un fluido lubrificante gracias a un proceso similar al de la sudoración. Más adelante, analizaremos con mayor detalle este fenómeno (pág. 200).

Cuando se alcanza un notable grado de excitación, la vagina se entreabre, se extiende y segrega mayor cantidad de lubrificante.

Una importante zona erógena: el punto G

Es una pequeña zona de tejidos situada en la parte anterior y superior de la pared vaginal. Su tamaño puede variar desde el botón de una camisa hasta el de un abrigo, y está situado justo detrás del hueso del pubis, por lo que puede apreciarse táctilmente sobre la parte anterior de la vagina.

El punto G se encuentra en la pared vaginal, a unos cuatro o cinco centímetros de profundidad y en torno a las 12 h (según las agujas de un reloj). Según los casos, puede localizarse más concretamente a las 11:30 h o a las 13 h. Conocida en Oriente desde tiempos milenarios, esta zona no había recibido ninguna denominación especial. Fue Occidente quien se la proporcionó y quien confirmó recientemente mediante ecografías su realidad anatómica.

El primero en dar cuenta de su existencia, a mitad del siglo XX, fue el sexólogo Grafenberg, de áhí su nombre de punto G. Fuera de los periodos de excitación sexual, este punto es difícilmente apreciable. El mejor momento para detectarlo es inmediatamente después de un orgasmo. En esos instantes se encuentra en relieve, más amplio y sensible.

Al iniciar la relación sexual, las presiones ejercidas sin ningún de tipo de preparación sobre el punto G resultan desagradables y provocan ganas de orinar. Lo único que se consigue es que se debe interrumpir el proceso de excitación. Lo que se debe hacer es suavizar la intensidad de las caricias. Al cabo de aproximadamente un minuto de estimulaciones constantes, desaparecerá cualquier manifestación desagradable para dejar paso a una sensación de placer. Entonces, el punto G aumenta de tamaño y se endurece, al igual que la verga y el clítoris. Como hemos visto anteriormente, es inútil que los dedos del hombre intenten excitar interviniendo sobre las mucosidades vaginales más profundas. Cuando una mujer se masturba, sus dedos no traspasan esa zona, a causa de la ausencia de reacción sensual en ese nivel.

Una vez terminada la fase de los preliminares, la siguiente etapa es la del coito, la relación carnal propiamente dicha, con la que se alcanzarán las más gozosas voluptuosidades.

Atención a los bloqueos

En caso de que aparezca algún tipo de inhibición en este estadio, debe ser tomada muy en serio. La corriente erótica se bloquea en el peor momento y es preciso restablecerla rápidamente. Las palabras que pueda pronunciar en este momento le serán de gran ayuda. Si se produce un estado inhibitorio, averigüe si ha estado motivado o no, y actúe en consecuencia. Ante la menor duda, no vacile en preguntar a su pareja «qué es lo que no va bien y qué quiere que haga». Una discusión sincera siempre es preferible a un silencio lleno de sentimientos de reproche. Actúe en todo momento con tacto y tenga en cuenta que las reacciones de su pareja serán como el carácter femenino, tan variables como el tiempo.

Por su parte, evite todo lo que pueda hacer creer a la mujer que su actitud es distante o menos amorosa. Repítale sin parar que la quiere más que a nada en el mundo y que su deseo de amarla inunda todo su pensamiento. Háblele con gran dulzura, que sus palabras sean hechizadoras, como filtros de amor que restablecen y suscitan de nuevo el deseo en la persona amada.

Cuando reinicie las excitaciones sexuales directas, utilice preferentemente la punta de la lengua... Súbitamente, sus palabras cesarán: al entregarla como ofrenda al sexo de la mujer, su boca expresará mejor sus sentimientos amorosos.

Saber esperar un poco más...

Cuando se hayan establecido los primeros contactos realmente sexuales, la mujer no tiene por qué haber accedido forzosamente al grado de madurez erótica suficiente para la penetración. Si todavía es reticente, puede mostrar una cierta agresividad que se manifiesta en el tono de sus palabras y en su actitud. Si remueve los dedos sin parar como si amasara pan, si esboza gestos que recuerdan a golpes, si no se agita como una mujer extasiada de placer, sino con nerviosismo, si le hace daño al morder o al arañar, es que no está todavía preparada o, en cualquier caso, que no ha sido convenientemente preparada.

Por tanto, el hombre debe cuestionar todo lo que ha hecho hasta llegar a este punto. Sin duda, habrá que realizar justo lo contrario de lo que, seguramente, se ha hecho con mucho amor y ternura. Lo que podría haber funcionado magníficamente con otra mujer puede decepcionar a la que está entre nuestros brazos. El arte de amar consiste en adaptarse a la pareja y darle lo que quiere. Y lo que ésta desea puede ser lo contrario de lo que pensábamos. ¡La que creíamos conseguir por la ternura nos está pidiendo rudeza! Pero procure no ser brusco con quien sólo le ha pedido arrumacos y mimos. Experiencia, pero también tacto y *savoir faire*: éstas son las cualidades que diferencian a un amante de calidad de un simple aprendiz acostumbrado a ser rechazado.

En cambio, cuando todo funciona a las mil maravillas, ciertas señales anuncian al hombre que puede avanzar un poco más en su camino.

Los signos indicadores del deseo lúbrico de la mujer

Constituyen para el hombre una guía valiosísima. Cuando se manifiestan, el varón sabe que los acontecimientos pueden precipitarse, aunque siempre siguiendo una progresión muy calculada.

Es sabido que algunos médicos chinos, antes de que lo hiciese Kinsey, habían observado cómo se desarrollaban las relaciones amorosas y, sobre todo, cómo se comportaba la mujer en esos momentos. Asimismo, una las costumbres taoístas consistía en reunirse en pequeños grupos para estudiar el comportamiento erótico de las parejas. De sus observaciones se han extraído excelentes descripciones.

La sabiduría milenaria del Tao ha sido compilada en numerosas obras que demuestran la insignificante naturaleza del hombre y la mujer en sí mismos. Y, sin embargo, algunas prácticas y una original concepción de la sexualidad pueden elevarlos más allá de la realidad terrestre y colmarlos de una infinita felicidad que les permite acceder a placeres de orden superior. A partir de los preceptos del Tao, la actividad sexual adquiere dimensiones cada vez más vastas y conduce a la satisfacción total.

Los autores de inspiración taoísta se han revelado como grandes observadores de todo lo que concierne al amor, tanto en el terreno espiritual como en el de la manifestación de las relaciones carnales. Según antiquísimos textos chinos, con gran profusión de datos a este respecto, los signos que confirman al hombre que sus hábiles preliminares han despertado en la mujer el deseo de la más profunda unión carnal son los siguientes:

- La relajación de la boca y los labios se combina con contracciones espasmódicas de ritmo irregular. La sangre puede irrigar los labios y hacerlos más prominentes.
- Un poco de sudor rocía su nariz. Su garganta se seca y su voz se torna ronca.
- Las manos se vuelven ardientes y el vientre, cálido.
- Los lóbulos de las orejas se espesan e hinchan.
- La ventanas de su nariz se dilatan y palpitan con la ascensión de las sensaciones eróticas.

- Durante los besos, acentúa la profundidad del contacto íntimo de las partes internas de los labios, en una estrecha unión física con su pareja.
- Sólo se libera de ese contacto para mover su lengua y lamer la de su amante, o para dar suaves golpes en las caras internas de las mejillas o en las encías.
- Seguidamente, cambia su forma de actuar y mordisquea la lengua o los labios de su amado. Su mordisqueo es dulce y excitante pero, cuando ya no puede controlarse, muerde con mayor agresividad, llegando incluso a dejar rastros sangrantes de su pasión. Algunas mujeres encuentran placer al hacer sufrir al hombre así, y le piden que él haga lo mismo. Así es su forma de ser, y la moral no tiene nada que ver con actos de este tipo.
- Los senos se endurecen y sus pezones se muestran en toda su turgencia.
- Cierra los ojos y empieza a jadear y a emitir gemidos sordos.
- Su vulva se torna cada vez más húmeda y resbaladiza. Algunas gotas del fluido amoroso chorrean libremente cuando se encuentra en el súmum de su excitación.
- Sus piernas y brazos sufren espasmos a cada acceso erótico, mientras que la punta de su lengua acaricia los bordes de sus labios pidiendo al hombre que la bese y la lama.

- Un poco más tarde, la mujer rodea la cintura o la espalda del hombre con sus piernas y sus manos lo acarician o arañan con dulzura o impetuosidad, según su temperamento.

Algunos calígrafos chinos han transcrito los consejos que el emperador Houang-ti solicitó a su preceptora. Se diferencian muy poco de los párrafos anteriores, pero se observará un cierto matiz poético en lo referente a la descripción, hecha con todo lujo de detalles. También se apreciará que el lenguaje está repleto de imágenes que hacen más sabroso todo el texto.

«La mujer muestra su arrebato lúbrico rodeando al hombre con sus brazos y lamiéndole la lengua. Toda la parte inferior de su cuerpo se anima e inicia una especie de danza lasciva y erótica. Cuando su respiración se hace más jadeante y un poco irregular, está manifestando al hombre su deseo de ser penetrada por su miembro viril, su "pico de jade", para conservar el sentido original. Si el hombre aún no la ha penetrado o si su verga se ha salido de la vagina chorreante de un precioso líquido de amor, ella toma el pico de jade entre sus manos y lo frota suavemente para excitar aún más al hombre y despertar su ardor. Su voz es a la vez lánguida y ronca. Los rasgos de su rostro se mueven tanto como la superficie del agua agitada por un potente viento. Su mirada está como hechizada, perdida en el infinito. Sus párpados baten como las alas de una mariposa. Cierra y abre los ojos, henchida de ternura. Ella contempla el rostro de su amante pero puede percibir, como a través de una suave y transparente tela, la representación material de los goces que muy pronto va a experimentar. Incluso si hasta ese momento ha mostrado una actitud muy pudorosa, ahora exhibe todas sus partes carnales, como una bandera que ondea en el fragor de la batalla. El hombre descubre que su vulva está cálida e hinchada, y cada vez más húmeda. El clítoris se endurece, como un pequeño falo. Si, con una voz ronroneante, la mujer dice al hombre "¡Haz conmigo lo que quieras!", éste puede estar seguro de que es toda suya y de que, en ese momento, es totalmente sincera.»

Consejos eróticos árabes

Oriente Medio, fuente de un refinado erotismo, prodiga aparentemente los mismos consejos sensuales que nos han inculcado los maestros orientales. No obstante, hay que maravillarse ante el intenso lirismo que se desprende de sus textos. Así, por ejemplo, una caravana de camellos que recorre las cimas de las dunas es como si acariciara una infinidad de senos culminados por dorados pezones. Cada frase parece una irisación de los reflejos de un sol ardiente sobre las arenas del desierto. A este respecto, uno de los textos más representativos es *El Jardín Perfumado*.

«No te precipites sin antes haber excitado a la mujer con tus habilidades, para que la copulación pueda procurar una mutua satisfacción. Antes de la introducción de tu miembro viril y de la consumación de los juegos amorosos, debes excitarla besando sus mejillas, succionando en lo más profundo de sus labios y mordisqueando hábilmente sus senos. Como las moscas sobre la miel, le besarás infinitas veces con la punta de tu lengua el contorno de su ombligo y la cara interna de sus muslos. Como un guerrero que embiste una y otra vez, multiplicarás los arrumacos por encima de su triángulo de amor. Mordisquearás suavemente sus brazos y sus hombros, sin provocar dolor y suscitando sabia y lentamente su deseo. No desprecies ningún rincón de su cuerpo propicio a los estremecimientos del amor. Adhiérete a su pecho, como para manifestar tu ternura y sumisión a sus caprichos.

No olvides que la mujer es como un fruto que extrae su suave jugo cuando la aprictas y exprimes con tus manos. La mujer es como la albahaca. Sin el sutil trabajo de tus dedos expertos, su fragancia permanece adormecida y no puede emanar con su infinita dulzura. Tú eres el único que puede extraer todo el aroma embriagador que encierra la mujer y que puede despertar su deseo de amor carnal. Tú eres el único responsable de que la mujer vea o no satisfechos sus deseos. Estréchala entre tus brazos y que tus suspiros expresen la imparable ascensión de tu necesidad de poseer su cuerpo. Demuéstrale que para ti su cuerpo es más valioso que cualquier joya, que todo el oro del mundo. Cuando por fin veas cómo languidecen sus ojos, cómo su pecho se agita con profundos suspiros que tienen la fuerza y la frecuencia de las olas del mar, entonces sabrás que su necesidad de coito es más fuerte que el viento del desierto y más poderoso que la tempestad. Es el momento en el que vuestros deseos se convierten en uno, en el que vuestra común lubricidad alcanza su punto más álgido, en el que ella estará lista para hacer funcionar su *pompoir*. Si sigues mis consejos y sabes excitar su deseo como si se tratara de una fruta madura, estaréis en camino de alcanzar los más supremos placeres. La mujer te amará para siempre y, a cada instante, imaginará los goces que saben proporcionarle tu cuerpo y tu miembro viril; vuestros pensamientos estarán por siempre unidos a través del lazo del amor.»

La relación carnal o coito

Hemos visto la importancia que posee una fase preliminar sabiamente dirigida y que dure lo suficiente para que la mujer sienta que ha llegado el momento de que la verga inhiesta y vibrante de placer penetre sus vías más íntimas. La necesidad de prolongar o no los prolegómenos más allá del tiempo habitual depende de las reacciones individuales de cada persona, de la predisposición más o menos ardiente que se tenga en un momento dado, y de la capacidad del hombre para guiar el cuerpo y el espíritu de la mujer hacia el placer. Sin embargo, no es aconsejable prolongar esta fase sin una razón de peso. Cuando la sienta madura y dispuesta a disfrutar de los goces más salvajes, el hombre debe introducir su verga en el receptáculo de la mujer. Pero debe hacerlo mediante una técnica de voluptuosidad, cuyo motor inicial concierne a la manera de mover el pene.

Las distintas formas de funcionamiento de la verga

Es muy importante saber manejar los movimientos de embestida. El impulso hacia adelante comporta diversas intensidades y diferentes profundidades. Realizar cualquier tipo de empuje sin ton ni son es como tocar música sin conocer las notas. Un pequeño envite desde atrás hacia adelante que sirva para introducir únicamente el glande es muy adecuado para los preliminares y la parte inicial del juego amoroso. Al principio, debe repetirse con frecuencia, suavemente y a intervalos distintos. Cuando la vulva esté convenientemente lubrificada y henchida de deseo, se hundirá la verga un poco más, alternando los envites suaves y lentos con las embestidas más bruscas y violentas.

Antes de profundizar en la penetración, al cabo de unos diez minutos, el hombre cogerá su verga con la mano y la hará girar en torno al orificio de la vagina. En este estadio, una auténtica penetración debe mantenerse el máximo de tiempo, ya que, si es muy excitante para la mujer, también lo es para el hombre. Éste debe interrumpir sus movimientos ante la menor amenaza de eyaculación precoz, que en este momento sería algo desastroso. Tras estos movimientos circulares, similares a los de una «batidora», el hombre debe considerar el tiempo que le hace falta para retomar el control total del coito. Reinicie las penetraciones, combinando los envites lentos y dulces con los más bruscos y rápidos. Por el momento, debe evitar llegar hasta el fondo de la vagina, procurando que la punta del glande no toque la amplia protuberancia del cuello de la matriz.

A continuación, viene un periodo intermedio durante el cual el hombre puede realizar dos o tres series de movimientos de batidora, pero debe dedicar todo su ardor a frotar alternativamente con su dura verga las partes superior e inferior de la vagina.

Debe evitar que el falo penetre más allá del glande, ejerciendo el mismo tipo de presiones externas y bastante fuertes sobre las regiones laterales, primero izquierda y luego derecha, de la vagina. El hombre percibe la creciente amplitud y humedad del receptor vaginal. En ocasiones, la lubrificación la convierte en una auténtica fuente erótica. El varón continúa controlando su excitación, sin llegar a desbordarse (y no es un juego de palabras). Asimismo, aprovecha los tiempos muertos para excitar el clítoris y otras zonas erógenas.

Si la cintura de los dos amantes lo permite, él besará profundamente a la mujer, poniendo especial atención en lamer su lengua y la cara interna de las mejillas. En caso de que la figura de uno de los integrantes de la pareja haga físicamente imposible esta acción, la intuición dictará los remedios que se pueden adoptar. Cuando el hombre considere que debe volver a la acción, lo hará con embestidas directas y de profundidad máxima, pero con salidas episódicas de la verga cuando sienta la más mínima posibilidad de eyacular antes de tiempo. Progresivamente, el hombre se sentirá más seguro de sí mismo y puede ejecutar movimientos de vaivén más poderosos, conservando su falo en el interior de la vagina a media profundidad. Cuando los movimientos son especialmente rápidos y la presencia de la verga en la vagina es constante, esta situación recibe el nombre de «la caza del gorrión».

Las lenguas expertas o la erotización bucal

El placer sexual puede aumentarse de dos maneras, experimentando con mayor intensidad los caminos del placer que ya conocemos, o descubriendo nuevas vías de alcanzar los goces supremos. Toda la superficie de los cuerpos masculino y femenino es un receptor sensitivo concebido para recibir mensajes sensuales, que puede ser educado y refinado para obtener sensaciones lujuriosas ignoradas hasta el momento. La intervención de la boca y de sus dos órganos móviles, los labios y la lengua, forman parte de esos factores complementarios que pueden colmar al hombre y a la mujer de nuevas satisfacciones.

El cunnilingus

La erotización bucal o cunnilingus es un procedimiento muy practicado por su gran eficacia para excitar a la mujer y hacerla gozar. Por lo general, su práctica proporciona un inmenso placer, sobre todo si ella no ha experimentado antes sus excelencias. Ante una mujer poco experimentada, el hombre tiende a darle esa agradable sorpresa. No obstante, debe estar atento a las reacciones que suscita. Si todo va bien, no hay más que continuar con ese «jugueteo en la puerta». Si la mujer manifiesta reticencias o se bloquea, no hay por qué alarmarse. Se podrá aplicar más tarde este recurso, aunque el hombre deba consultar con la mujer antes de ponerlo en práctica.

El principio esencial de este tipo de estimulación erótica es el de adaptarse a la sensibilidad femenina individual. Sobre todo al principio, hay que evitar ejercer una fuerza excesiva con la punta de la lengua, limitándose a rozar una zona bastante amplia. Las presiones fuertes o aplicadas únicamente sobre el clítoris pueden resultar más dolorosas que placenteras. El hecho de que la mujer acepte dar indicaciones precisas sobre lo que experimenta o desea facilita enormemente las cosas, pero hay que tener en cuenta que, antes de llegar a una auténtica excitación, muchas mujeres prefieren no verbalizar sus emociones. La mayor o menor humidificación de la mujer durante el cunnilingus también es una señal a la que se debe prestar mucha atención.

Cuando la hembra esté excitada, la lengua puede mostrarse mucho más activa. Ya sea de punta o plana, debe realizar una estimulación periférica que englobe el conjunto de la vulva y de los pelos del pubis, pero que, de forma progresiva, se centre sobre ese órgano tan extremadamente delicioso que es el clítoris. Una excitación regular y rítmica puede servir de base, pero hay que modificar de vez en cuando los movimientos.

En el sexo, como en tantas otras actividades, la diversidad es mucho más recomendable que la monotonía que acaba por apagar las pasiones y los deseos. Hay que descubrir las zonas del clítoris en las que la mujer encuentra un mayor placer. No tiene por qué ser siempre la parte más saliente, que en algunas mujeres puede llegar fácilmente a irritarse si se la excita demasiado. El capullo del clítoris posee varias zonas cuya sensibilidad es sorprendentemente variable. La cara lateral derecha, por ejemplo, puede ser un foco de excitación superior a la izquierda, ya que encierra un mayor número de corpúsculos que propician la voluptuosidad de la mujer. Por esa razón, muchas hembras suelen adoptarla como región predilecta para la masturbación.

En un determinado momento, es conveniente alternar las presiones circulares de la lengua con succiones. Hágala voltear con agilidad y rapidez, y, después, introduzca durante unos instantes el clítoris en su boca, masajeándolo pero sin forzarlo excesivamente. Si se torna muy duro y turgente, es una valiosa indicación de la potente progresión del deseo lúbrico de la mujer y de la proximidad del primer orgasmo.

De hecho, la repetición orgásmica es bastante característica del placer femenino. No obstante, en la mujer es muy corto el periodo refractario en el que debe detenerse cualquier tipo de estimulación intensa. Cuando la excitación es muy fuerte, es suficiente con suaves movimientos y presiones para mantenerla. El calor del aliento o la simple sensación de proximidad de sus órganos genitales a la boca de su amante bastan para que el motor sexual no se detenga.

Las diferentes formas para que la mujer acaricie con su lengua el sexo del hombre

Ciertas caricias no se pueden prodigar al azar, y el hombre tiene en gran consideración a las mujeres que saben aplicar esas artes. Constituyen una sistema para que la mujer retenga consigo al varón, ya que no resulta fácil encontrar a alguien capaz de actuar con la suficiente dulzura y eficacia.

Sea cual sea el grado de confianza del hombre hacia la mujer con la que está tratando (lo mismo es aplicable si la pareja es del mismo sexo), el hombre se mueve por dos instintos profundamente opuestos.

Por una parte, se siente extremadamente tentado de dejarse chupar por unos labios ardientes y cálidos, ya que la erotización oral es una de las variantes más agradables dentro del abanico de las técnicas sexuales. Pero, por otra, el hombre siente instintivamente un profundo temor al mordisco y al simple contacto con los dientes. Incluso si no piensa en ello de forma real, el miedo a la castración se le aparece como una posibilidad, aun cuando le resulte absolutamente inconcebible. El arte de la mujer o el hombre que practica el cunnilingus o la felación estriba en no hacer notar sus dientes. Hay que proceder con una consumada habilidad si se quiere acceder al grado de erotización suprema. Al igual que el contacto genital directo, este procedimiento oral exige una calculada progresión en su ejecución. Ir demasiado deprisa o succionar con mucha fuerza constituyen errores más graves aún que una eyaculación precoz por falta de atención.

En un primer tiempo, la mujer debe sostener la verga del hombre con la mano y limitarse a acariciarla sin establecer un contacto real. Si el pene no está todavía erecto, este rozamiento bastará para su activación. Si la erección tarda en producirse o no es bastante vigorosa, es necesario intensificar estos preliminares. De forma inmediata, conviene proceder a la «presión exterior». Ésta consiste en presionar los lados de la verga con los labios sin que todavía se produzca contacto directo con el glande. Al cabo de unas cuantas maniobras de este tipo, hay que introducir el glande y una pequeña parte del falo en la boca, ejerciendo una presión cada vez más intensa con los labios, que se acompaña con una aspiración y un conato de succión. La punta de la lengua acaricia la parte más extrema del glande, teniendo cuidado de no irritar el enlace de comunicación con la uretra; después, inicia un contacto periférico, lamiendo circularmente el glande con la mayor suavidad y procurando que no se produzca ninguna eyaculación intempestiva. Periodos de descanso e intervalos entre cada excitación deben ser respetados para evitar que esta exquisitez bucal desencadene cualquier acontecimiento precipitado.

En un grado de estimulación superior, la mujer ejerce con los labios presiones en el contorno del glande y, después, lo succiona suavemente, extrayéndolo a cada movimiento de la boca. Lo que se denomina «pulimento» consiste en lamer con la punta de la lengua el conjunto de la superficie del glande que acaba de salir de la boca, accediendo sucesivamente a la cara posterior, a las laterales y a la inferior, y deteniéndose un poco sobre el frenillo. La mujer retoma después las succiones, cada vez más intensas, sobre el glande y sobre la parte de la verga introducida en su boca. Puede detenerse para continuar con otros juegos eróticos: caricias manuales, relación de coito o sumisión a la sodomía. También puede decidir, de acuerdo con la pareja, dar fin a la erotización bucal y provocar la eyaculación.

Esta relación no se termina hasta que la mujer y el hombre hayan dado su total consentimiento. Según lo que decida la pareja, el esperma puede ser escupido o ingerido o dejarlo fluir libremente en el momento de la emisión.

La cooperación de la mujer durante el coito

Suele ser moderada al principio de la relación: la mujer se concentra psíquicamente en los placeres que le esperan. En este estadio, su intervención podría obstaculizar el control total que el hombre debe asumir en la mayor parte de las etapas sexuales. La mujer puede sentir intuitivamente que ha llegado el momento de entrar en acción o puede esperar a que el hombre (tras un acuerdo previo) le dé la señal. La hembra puede solicitar variaciones de postura de la pareja, haciendo partícipe al hombre de sus deseos y facilitando el cambio de postura durante el coito para poder desarrollar mejor sus propios movimientos.

En algunas ocasiones, ella deberá tomar la iniciativa si el hombre se muestra poco emprendedor, ya sea por timidez o por falta de imaginación. La variedad dentro de la relación carnal es siempre beneficiosa y estimulante.

Asimismo, hay que tener en cuenta que existen posturas molestas e incluso dolorosas para la mujer, según el tipo de penetración. Cambiar de posición puede proporcionar alivio a estas desagradables sensaciones, sin que por ello se haya de interrumpir el coito.

Los movimientos femeninos durante el coito

En algunos casos, la mujer puede permanecer completamente pasiva y someterse a los caprichos masculinos sin reaccionar. No obstante, la mayoría suele mostrar interés en participar en la acción. De esta manera, logra aumentar el placer masculino y ella puede dirigir el miembro viril del hombre, activándolo a niveles que le procuran las más voluptuosas sensaciones.

Cómo debe utilizar la mujer su vagina, en función del tipo de coito

La cooperación de la mujer es esencial en el transcurso de una satisfactoria relación erótica. La vagina no es un órgano que se pueda prestar a cualquier tipo de maniobra sin una previa experiencia. La hembra acabará por conseguir utilizarlo sabiamente, interviniendo en el coito de una forma más activa de lo que se suele pensar habitualmente.

La abertura de la vagina puede ser controlada por la mujer en diversos grados. Ha de tener en cuenta las características del pene: a veces, pequeño y poco consistente; otras de un tamaño excepcional y una dureza impresionante. También puede ralentizar el transcurso de la acción o precipitarlo cuando las circunstancias obligan a ello, utilizando para ello movimientos rápidos y en rotación de la pelvis. Si se tiende boca arriba, bajando su cabeza hasta que el mentón se encastra en la separación entre las dos clavículas, en la parte superior del esternón, debe elevar la parte central de su cuerpo. De esta manera, la abertura vaginal es bastante amplia y, si la humidificación natural no es suficiente, el hombre debe emplear productos lubrificantes que faciliten el deslizamiento. La mujer debe adoptar la postura «abierta» para facilitar las penetraciones más difíciles: tendida de espaldas, elevando los muslos en ángulo recto y separándolos todo lo que pueda. El hombre puede contribuir con sus manos a aumentar la separación.

Para conseguir que la abertura vulvar sea más estrecha y pequeña, la mujer dirige sus muslos hacia el abdomen y flexiona las piernas por las rodillas, reposando de lado. Existen otras posturas de las llamadas «cerradas» u «opresoras». Las dos principales son las siguientes:

- En la primera, el hombre y la mujer están adosados por el vientre y con las piernas muy juntas (no importa cuál de los dos se coloque encima). En esta posición, la verga se encuentra muy oprimida y se debe prestar mucha atención para interrumpir cualquier movimiento que pueda inducir a una eyaculación no deseada. Esta postura cerrada puede adoptarse desde el principio de la relación; pero no siempre ayuda a la penetración, por lo que se suele continuar con una postura mucho más cómoda.
- En el segundo caso, el hombre se tiende de lado y la mujer se le adhiere de frente o de espaldas. Ambos mantienen las extremidades inferiores estiradas y tensas. Las dificultades son parecidas a las del caso anterior, y esta postura puede sustituirse por una más cómoda para la introducción del miembro viril.

Las posturas femeninas denominadas «levantes» o «elevadas» reciben ese nombre porque la mujer eleva las dos piernas. La posición levante, en la que la flexión de las piernas sobre la pelvis se realiza con las extremidades inferiores juntas y apretadas, es distinta a la postura abierta antes mencionada, en la que los muslos se separan.

En la posición elevada y «agarrada», la mujer levanta sus piernas tensas y lo suficientemente separadas para rodear los hombros del varón. El hecho de cruzar los pies tras el cuello del hombre estrecha un poco el orificio vaginal, ampliamente abierto en la postura precedente. Si, en esta postura, las piernas de la mujer se colocan ante el pecho del hombre, juntas o cruzadas, la abertura vaginal se torna más «opresora». Los hindúes distinguen entre:

- La postura del cangrejo, en la que la mujer contrae fuertemente los muslos recogidos sobre el vientre.
- La postura en forma de loto, en el que los muslos alzados de la mujer se colocan uno sobre el otro.
- La postura del clavo consiste en extensiones sucesivas de las piernas de la mujer para que reposen alternativamente sobre el respectivo hombro del varón. Estas posturas están destinadas a mantener la variedad y la fantasía en el acto sexual, sin que se les puedan atribuir repercusiones fisiológicas precisas.

Maniobras que debe utilizar la mujer ante un hombre muy experimentado

La mujer debe utilizar alternativamente dos movimientos básicos. Uno de ellos es la contracción espasmódica de su vagina para apretar fuertemente el pene masculino. Esto basta en algunos casos para que ella alcance un orgasmo breve y de intensidad media. La mayoría de las veces, esta constricción se produce por la incapacidad de interrumpir los movimientos de vaivén de la verga, convirtiéndose en un simple freno, fuente de refinadas sensaciones, pero que no provocan el orgasmo en ninguno de los amantes. Es conveniente que el hombre haga a la mujer una señal indicadora de que ésta puede proseguir sus maniobras, en otras palabras, asegurarle que no va a eyacular bajo el efecto de nuevas presiones. De hecho, los movimientos que se produzcan ahora van a ser muy excitantes: la mujer renuncia a la técnica anterior, también llamada de «tenaza», y realiza una especie de movimiento circular en el que la vagina da vueltas sobre el pene del hombre como si se tratara de una «peonza».

Un perfecto movimiento de peonza sólo se puede adquirir mediante la experiencia pero, aun a pesar de que lo practique incorrectamente una inexperta, siempre es muy agradecido por el hombre. La mujer puede practicarlo en cualquier postura que le permita un mínimo de movilidad, pero la más favorable para ella es aquella en la que cabalga sobre el hombre tendido boca arriba.

Esta postura y, sobre todo, la práctica de la peonza están contraindicadas cuando se tiene el periodo o éste está muy próximo; también para la mujer embarazada o que acaba de parir, y durante las semanas de convalecencia tras una intervención quirúrgica abdominal. Durante esta maniobra, la mujer suele activar el tronco, lo que puede causar cansancio en la espalda, en caso de predisposición a ello o de debilidad muscular en esa parte del cuerpo. Si se aprecian signos indicadores, debe cesar los movimientos y adoptar una postura compensadora, curvando el tronco hasta que su frente repose sobre la del hombre.

Cuando el hombre reconoce estos signos de cansancio en la mujer, debe imprimir un mayor ritmo a su pelvis, provocando una ondulación común de los dos cuerpos, que en los países anglosajones recibe el nombre de «rocking» y en los nuestros de «balanceo». Cuando el coito está en una fase avanzada, las penetraciones de la verga no actúan tanto por los efectos de vaivén como por la propagación de las sacudidas del cuello del útero en el conjunto de los órganos contenidos en la pelvis menor. Esta sensación está mucho menos identificada que las que aportan el clítoris y los órganos externos. Es global y su efecto de difusión es tal que se suele propagar a otras partes del cuerpo, lo que proporciona a la mujer la impresión de estar gozando con todo su cuerpo. El orgasmo de tipo vaginal, por oposición al clitoridiano, procede también de otras fuentes anatómicas, especialmente de las referidas a la excitación del perineo y a una eventual penetración anal.

Las contracciones vaginales

Con la progresión ascendente del deseo de orgasmo en la mujer, las sensaciones puramente clitoridianas y las de la región del punto G se ven acompañadas por contracciones en la mitad exterior de la vagina. El dedo o la verga introducidos perciben perfectamente estas contracciones de los músculos vaginales superficiales, siempre y cuando la mujer pertenezca a la categoría clitoridovaginal. Seguidamente, estos movimientos provocan la intervención de los músculos de la zona profunda de la vagina. Son contracciones largas, poderosas y especialmente voluptuosas. Cuando actúan a un nivel aún más profundo, también entran en juego la matriz, los distintos elementos de la pelvis menor e, incluso, la totalidad del vientre. Cuando la contracción se generaliza y hace vibrar todo el cuerpo, la mujer alcanza esa dimensión tan especial de sentirse «en el séptimo cielo» que, desgraciadamente, no está al alcance de todos.

El hombre siente las sensaciones orgásmicas de la mujer de distintas maneras, que son como un cuestionario para saber si posee el conocimiento necesario de la naturaleza del placer femenino. La sensación (especialmente perceptible con el dedo) de que la parte posterior de la vagina tiende a elevarse como si fuera a fundirse en el interior del cuerpo corresponde a un orgasmo efectivo, pero de calidad media. Por el contrario, la ascensión progresiva de la excitación, con promesa del séptimo cielo incluida, produce la impresión de que el fondo de la matriz desciende para obturar progresivamente la cavidad vaginal (como lo haría una ptosis del útero y de las paredes vaginales).

Esta sensación se traduce globalmente en la verga por una sensación de «pompoir». Ésta le indica que la mujer siente una poderosa excitación de toda la pelvis menor y que su difusión sensual puede llegar aún más lejos.

Si el hombre percibe una pequeña modificación en los movimientos del fondo vaginal, que se debilitan hasta detenerse, al mismo tiempo que la mujer deja de gemir y de agitarse en espasmos lúbricos, esto indica que se ha producido una parada en la ascensión de la lujuria. Puede tratarse, simplemente, de una necesidad de reposo para la mujer. También puede evidenciar la presencia de un bloqueo, cuya causa debe intentar discernir el hombre. A veces, se trata tan sólo de un ruido o de una causa externa de escasa importancia. Otras, un pensamiento negativo o un dolor intempestivo.

Es aconsejable que el hombre respete estas situaciones y no intente intensificar la excitación, lo que podría ser mal entendido por la mujer. El varón debe comprender que se trata de un estado refractario y pasajero, parecido al que se experimenta entre dos orgasmos. Cualquier intento de excitación en este momento sólo puede tener consecuencias negativas, e incluso puede sustituir las anheladas sensaciones de voluptuosidad por otras dolorosas. Cuando se haya superado esta fase, se pueden reiniciar los movimientos de excitación. Incluso se puede aumentar su intensidad, a condición de que no vuelvan a producirse bajones del mismo tipo. Si sucede esto, es aconsejable posponer el acto sexual o partir nuevamente de cero con simples estimulaciones clitoridianas y del punto G, sin intentar ir más lejos hasta que no se haya alcanzado un positivo grado de excitación erótica.

El orgasmo, el éxtasis o la pequeña muerte

Esta última expresión es una de las que mejor designa la abolición parcial de las reacciones de los órganos sensoriales en el momento en que se produce el orgasmo. Esta disminución reactiva, que afecta a las percepciones de la vista, del oído, del tacto, etc., puede iniciarse en algunos individuos incluso antes de que se produzca el orgasmo. Progresivamente, irá llegando a su culminación al mismo tiempo que la excitación erótica e, incluso, puede conducir a la pérdida de la conciencia en el momento orgásmico.

Muchos sexólogos han constatado la existencia de síncopes que pueden durar entre algunos segundos y varios minutos. Esta auténtica anestesia sensorial es comparable a la que se observa en algunos estados de pánico, durante violentos accesos de ira o en las manifestaciones de las crisis epilépticas.

La explicación médica de este fenómeno subraya la disminución temporal de la circulación cerebral bajo el efecto de la ascendente intensidad de las sensaciones. También se suele explicar como consecuencia de una ventilación respiratoria excesiva. En este mismo orden de ideas, se trata de la misma «pequeña muerte» que los tocólogos provocan artificialmente en sus pacientes para provocar el parto sin dolor. Estos especialistas combaten los dolores de las parturientas con la ejecución de respiraciones superficiales muy rápidas, llamadas normalmente «respiraciones jadeantes». Es bien sabido que, a partir de un cierto nivel de excitación, el acto sexual genera importantes perturbaciones respiratorias. Así pues, no debe asustarse de las extrañas reacciones que dan a la «pequeña muerte» sus características tan especiales. Asimismo, cuando se produce el orgasmo, las sensaciones de dolor desaparecen prácticamente por completo.

Los fisiólogos se han sentido muy intrigados por el hecho de que, al tiempo que las sensaciones de voluptuosidad alcanzan su máxima intensidad, el dolor puede debilitarse hasta desaparecer. La explicación es relativamente simple: los corpúsculos receptores de las sensaciones dolorosas son anatómicamente muy distintos de los «corpúsculos del placer».

Algunos trabajos científicos han demostrado que el orgasmo comporta, al igual que lo hace el dolor, una secreción de endorfinas naturales y sedantes del dolor. Estas sustancias, parecidas por su constitución química a la morfina, son fabricadas por el cerebro según las necesidades defensivas. La encefalina que éste manda al cuerpo en respuesta al mensaje del dolor es, como la morfina, una proteína creadora de bienestar que anula la molesta y no deseada sensación. La encefalina actúa como un analgésico eficaz, no tóxico y totalmente gratuito.

Durante la «pequeña muerte» se combinan los efectos de una profunda emoción, los de las intensas vibraciones que preceden y acompañan al orgasmo, y los provocados por la secreción cerebral de endorfina. El sentido auditivo puede verse perturbado de una forma más o menos intensa. En algunos casos, la persona llega a no escuchar nada o, únicamente, una especie de rumor que parece provocado por una miríada de parásitos. También se puede observar una pérdida de la acuidad visual. La pupila del ojo se dilata considerablemente y el campo visual se reduce tanto que el sujeto no distingue los objetos que se encuentran frente a él y sólo puede ver a sus lados. Durante el orgasmo, la visión de las luces puede desaparecer por completo. Se suele decir que, cuando alcanza el éxtasis, el rostro de la mujer se ve como «torturado». Las ventanas de su nariz se dilatan, su faz se muestra gesticulante, con la boca abierta y torcida, y los labios están irrigados de sangre que los hacen más o menos prominentes.

A algunas mujeres no les gusta que las vean en ese estado y cubren su rostro con las sábanas o las mantas. Otras, en cambio, se muestran en todo su esplendor a su amante (en toda la extensión de la palabra), que se sentirá orgulloso de haberla conducido a tal estado de convulsiones supremas.

Las mujeres que fingen sentirse excitadas pueden, hasta cierto punto, simular los espasmos del coito; pero no pueden provocar a voluntad el flujo sanguíneo periférico ni la turgencia de los labios, de los senos y de sus pezones, de los labios menores y de su contorno, que son las pruebas irrefutables y prácticamente invariables de la excitación sexual. En el momento del orgasmo, se asiste a una auténtica explosión sexual. Los gemidos se convierten en gritos desaforados, las piernas y los brazos se agitan en espasmos convulsivos. Y si la cabeza se mueve y parece decir «no», el espíritu se manifiesta con un «más, más», que expresa la intensidad de las sensaciones que se experimentan. La calma llega después de la tormenta, pero con un deseo creciente de que, muy pronto, todo vuelva a comenzar.

El control de la eyaculación

**Técnica oriental de control de la eyaculación:
¿Por qué retardar o eludir sistemáticamente
la eyaculación?**

El problema no es nuevo. En realidad, está íntimamente relacionado con los preceptos de las filosofías sexuales orientales, la taoísta y la tántrica, en vigor desde tiempos milenarios. Sólo muy recientemente estos conocimientos han llegado a Occidente, siendo repetidos y modificados por reputados autores como Masters y Johnson, A. Brauer, etc.

Es esencial distinguir entre el control de la eyaculación destinado a la mejora cualitativa y la prolongación del orgasmo y las técnicas que simplemente persiguen evitar una fecundación no deseada. Éstas eran muy útiles en los tiempos en que el empleo de la píldora y los otros métodos anticonceptivos no estaba generalizado.

Las principales son:

- La marcha atrás en el momento de la eyaculación presenta muchos inconvenientes. No constituye un método anticonceptivo fiable, puesto que en la secreción que precede a la emisión de esperma existe un pequeño número de espermatozoides. La débil concentración de elementos masculinos fertilizantes hace que las posibilidades de fecundación sean mínimas, pero no por ello menos reales, según las leyes de la estadística. La marcha atrás no garantiza una satisfacción total; tampoco a nivel psíquico supone una maniobra satisfactoria para el hombre que la ejecuta. Para la mujer, es una causa habitual de frustración, ya que puede no haber alcanzado el orgasmo u obtenido suficiente placer. Esta detención voluntaria e intempestiva del desarrollo normal del acto sexual, esta especie de frenazo brutal, suele venir acompañada por una congestión en la pelvis menor, en la próstata y en la región del perineo, así como por una sensación de dolor y pesadez. También se produce un pequeño estado depresivo, que se suele presentar simultáneamente en ambos. Al contrario de lo que sucede con las técnicas taoístas, es bastante difícil repetir la experiencia sexual, que sólo puede producirse después de un tiempo refractario anormalmente largo.

- La eyaculación retrógada, es decir, la emisión del esperma dentro de la vejiga en lugar de que fluya por la uretra, se produce normalmente en los sujetos que hayan sufrido una intervención quirúrgica sobre la próstata. Para algunos hombres, sólo es posible si su predisposición es total y son auténticos maestros en el arte de desviar el curso del esperma.

Con respecto a los preceptos taoístas y tántricos, se suele reprochar que lo que el hombre pretende con el coito es conseguir un orgasmo acompañado de una potente eyaculación, eyaculación que, por otra parte, es la que estas filosofías pretender retardar temporalmente. Los que realizan estas observaciones subrayan que la eyaculación corresponde a una brutal relajación de la tensión con la que se puede obtener el máximo placer. Con el Tao y el Tantra, este placer se retarda y la relajación total de la tensión es sustituida por una relajación beneficiosa que favorece la continuidad de la relación amorosa. Por medio de una serie de tensiones y de relajaciones sucesivas, el hombre no alcanzará todavía el auténtico orgasmo, pero llegará a un punto de placer continuo y de gran intensidad que le satisfará plenamente. Sabe que puede llegar al éxtasis en cualquier momento, pero se mantiene a la espera de goces todavía mayores. Tras una larga y extraordinaria fase de placer compartido, la eyaculación se decidirá de común acuerdo y vendrá acompañada por un orgasmo de gran intensidad y duración.

A pesar de estos sacrificios iniciales, difíciles de aceptar, es evidente que el resultado final de la relación carnal según los preceptos orientales es de una calidad infinitamente superior a la del acto sexual ejecutado de forma corriente. La otra gran ventaja de la sexualidad taoísta reside en que el orgasmo simultáneo se consigue muy rara vez en el coito estándar, mientras que la técnica oriental facilita que el hombre y la mujer alcancen el éxtasis al mismo tiempo. También hay que hacer hincapié en que la mujer tiene varios y excelentes orgasmos sucesivos antes de llegar al éxtasis total.

¿Cómo convencer al hombre del interés de estas técnicas?

Se trata de una cuestión psicológica que no hay que despreciar. Para ello, el hombre no tiene más que imaginar lo que sucede normalmente cuando se entrega sin reservas a sus instintos. Experimenta una excitación cada vez más intensa para llegar, antes o después, a un punto «sin retorno». Entonces, eyacula sintiendo un fuerte placer, por desgracia bastante breve, y que sólo puede ser

Parece ser que el orgasmo múltiple es mucho menos habitual en el hombre que en la mujer. Hay que insistir en que este proceso desemboca en un estado de cansancio más o menos grande, a veces desagradable, y, sobre todo, en un sentimiento bastante habitual de tristeza, que ha sido testimoniado a lo largo de todos los tiempos por los autores más diversos. Esta sensación está íntimamente relacionada con el hecho de que el acto ha finalizado y de que ya no queda nada más, ni siquiera un recuerdo fisiológico concreto, mientras que, de otra manera, podrían haberse conseguido mayores placeres.

A estos placeres permiten acceder las técnicas orientales. Pero, para ello, hay que iniciarse. Lo que el hombre debe tener muy claro es el concepto pragmático del amor que distingue entre eyaculación y orgasmo. Gracias a un perfecto control de la primera, el acto amoroso no se verá perturbado mediante orgasmos precipitados, insuficientes y frustrantes, aunque aparentemente sean satisfactorios. Por el contrario, gracias a las técnicas orientales el orgasmo se prolongará de forma sorprendente y, sobre todo, magnificada en su amplitud y en las satisfacciones que aporta a los sentidos y al espíritu. Un éxtasis infinito y duradero bien merece que se le dedique la atención y el tiempo necesarios.

La mujer que tenga la oportunidad de hacer el amor con alguien que haya asimilado los grandes principios de la sexología oriental lo tendrá en la más alta consideración y se sentirá suya para siempre. Se dará cuenta de que nunca ha experimentado tal placer y que pocos hombres podrían proporcionárselo.

El hombre que controla su eyaculación sabe que puede alcanzar una vida sexual llena de goces sin fin. Las mujeres se rendirán y permanecerán fieles a sus pies, puesto que él puede colmarlas de un placer duradero y extasiante en todo momento. Emite su semen con menos frecuencia, por lo que se siente menos cansado, más activo y más alegre. Su intensa vida sexual, rica y colmada, le asegura una paz interior y un optimismo a prueba de bomba. Sabe que, para conservar el amor apasionado de una mujer, hay que prodigar los contactos sexuales refinados y generadores de éxtasis tanto como ella desee. Incluso si se encuentra desganado, el iniciado en sexología oriental conoce lo que hay que hacer para que la mujer no se quede con ganas y dirija su interés hacia otros hombres. La hembra amante se sentirá correspondida y satisfecha con las relaciones sexuales que tiene a su disposición en todo momento. Tendrá la sensación de ser la mujer más rica en amor de todo el mundo.

La intervención del hombre para controlar la eyaculación

En los antiguos textos chinos se pueden encontrar observaciones de gran interés práctico para garantizar el control de la eyaculación. Los consejos se extraen en cierta medida de las modalidades de penetración vaginal que se pueden practicar. Cuando el hombre ha llegado a un alto grado de excitación en el transcurso del intercambio sexual, puede proseguir el acto carnal sin necesidad de llegar al punto «sin retorno». Para ello, no debe actuar alocadamente, sino siguiendo los dictados de una técnica adecuada. Los envites rápidos y profundos estimulan fuertemente la excitación y ayudan a mantener de forma muy estimable la rigidez de la erección. Sin embargo, si el hombre se descuida un poco, este tipo de movimientos puede conducir inexorablemente a una eyaculación precoz. El varón puede controlar mejor el acto si realiza envites largos y mesurados, que le permiten detenerse si la excitación se vuelve demasiado imperiosa. Golpes rápidos con un débil incremento de la penetración contribuyen a mantener la excitación sin aumentarla y pueden servir para relevar a los anteriores movimientos.

La mejor manera de convertirse en maestro del momento en que se decide eyacular o de no derrochar el semen consiste en experimentar con los distintos tipos de penetración. Ante el menor signo de una excitación manifiestamente ascendente, es importante que ésta no se convierta en irreversible. En tal caso, todavía es posible ejecutar una serie de tres penetraciones vaginales suaves para que se alivien el ardor y la sensibilidad masculina, seguida de una penetración profunda cuyo vaivén mantendrá la voluptuosidad femenina y no provocará una eyaculación precipitada. En ese momento crítico, el varón no debe perder nunca el control de la acción. Con la última penetración, sentirá una subida muy intensa de la excitación. Entonces es cuando, prudentemente, debe realizar un movimiento de retroceso parcial de su miembro viril, sin extraerlo de la vagina.

La clave del éxito reside en mantener una inmovilidad absoluta. Ésta debe acompañarse de una fuerte concentración mental y, al mismo tiempo, de una respiración profunda, centrando la atención sobre la inspiración y la espiración. Las dos han de ser amplias y, sobre todo, regulares. Esta regularidad es un factor primordial para el éxito. Es esencial evitar el jadeo, ya que este tipo de respiración agitada y rápida es más propicia para exaltar el placer que para controlar la emisión programada del semen.

Un punto importante de esta técnica, apuntado por los autores antiguos y confirmado por los tratados más modernos, es que el control de la eyaculación está profundamente relacionado con la detección del momento preciso en que se debe actuar. Si deja escapar ese momento, cualquier esfuerzo será inútil para controlar la eyaculación.

Según los sexólogos, tan importante es saber determinar el momento en que se debe actuar como las técnicas que hay que aplicar. Para aumentar este control, el espíritu debe alejarse de las regiones genitales y, para ello, se pueden cerrar fuertemente los ojos o morderse los labios. También se puede apretar la punta de la lengua contra el paladar. Wou-hien considera muy eficaz el movimiento complementario de contracción abdominal en la región del hara, como si se intentara retener la orina. Todo el mundo sabe que es posible detener la emisión de orina contrayendo el ano. Este hecho, fácil de comprobar, puede ser extrapolado al terreno de la eyaculación. Ésta se puede detener contrayendo fuertemente el ano durante el acto carnal. El hombre puede beneficiarse de este fenómeno fisiológico siguiendo su instinto. Sin embargo, se trataría de una improvisación prematura, por lo que es recomendable prepararse para este tipo de situaciones por medio de ejercicios practicados con regularidad, hasta alcanzar una maestría total e inmediata en el arte de controlar la eyaculación por contracción anal.

Ejercicios combinados

- Inspire durante siete segundos, contrayendo fuertemente el ano. Se debe combinar con la visualización mental del trayecto imaginario seguido por el esperma desde los testículos al cerebro, pasando por los pulmones.
- Retenga el aliento durante siente segundos. Esta retención, aconsejada por los antiguos maestros orientales, se encuentra en el yoga hatha como *antara kumbakha*. La visualización correspondiente es la del esperma inundando el cerebro, el corazón y los pulmones, y fortaleciendo estos órganos con todo el poder de su energía sexual. En los hindúes, se encuentra el mismo concepto de la kundalini que circula por los chakras.
- Para finalizar, realice una espiración de siete segundos durante la cual relajará el ano. La visualización correspondiente se concentra sobre la expulsión al exterior de las impurezas del aire viciado que se expele.

La técnica de control de la eyaculación, tal como la acabamos de describir, debe ser suficiente para la mayoría de los casos. Sin embargo, como en cualquier actividad humana, siempre existen casos rebeldes y personas para las que los mismos simples actos resultan enormemente difíciles.

Se puede aplicar entonces un método un tanto diferente, ya que se debe realizar una acto voluntario, deliberado y artificial: el bloqueo manual del glande. No es necesario decir que las dos técnicas se pueden combinar. Pero, antes de aplicar la segunda, hay que tener en cuenta dos condiciones básicas. Debe existir un perfecto acuerdo fisiológico entre la pareja (y no de mera atracción física), especialmente cuando el hombre pide a la mujer que ejerza la compresión de la corona del glande. Este efecto compresor provocará en algunos casos que el pene se vuelva demasiado fláccido para afrontar la penetración. Ahora, el problema consiste en introducir en la vagina una verga en estado de flaccidez (véase pág. 196). El hombre debe alejar cualquier sentimiento de pánico ante esta pérdida parcial y momentánea de su vigor sexual, sin olvidar nunca que él mismo lo ha programado para una mejor reactivación posterior del acto sexual.

Por su parte, la mujer puede experimentar una disminución de sus sensaciones voluptuosas en el momento en que su erotismo alcanzaba las más altas cotas. También ella debe comprender que no se trata más que de una pausa momentánea, y que pronto todo seguirá, incluso mejor que antes. A esta situación sólo se puede llegar a través de un acuerdo recíproco. En este momento, la hembra desempeñará un papel más activo y, mediante sus gestos, su actitud lasciva y sus palabras, asumirá la reconstrucción de la atmósfera de deseo ascendente hacia el éxtasis supremo.

Vamos a hacer mención también de una técnica complementaria, preconizada por los antiguos textos chinos. Consiste en ejercer una presión con el índice y el corazón sobre la zona anatómica situada a igual distancia entre el ano y la raíz de las bolsas testiculares. Esta presión puede realizarla tanto el hombre como la mujer, y sirve para aumentar enormemente la eficacia de las técnicas descritas con anterioridad, aunque no suele ser necesaria si se ha realizado la compresión del glande. Por otra parte, presenta algunos inconvenientes. Utilizada aisladamente, se muestra poco eficaz: una simple tracción del escroto hacia abajo ofrece resultados muy superiores.

Para un eyaculador precoz habitual, el hecho de poder superar este problema no sólo le reporta ventajas en el plano sexológico. Sin duda alguna, proporciona mayor placer a la mujer y mejora su vida sexual, pero, también en la vida cotidiana, sabe aplicar los mismos principios de tenacidad y de búsqueda de las técnicas que permiten que todo vaya mejor y que su vida se transforme. Ahora posee un arma poderosa en todos los terrenos, no sólo en el amor. La desaparición de la eyaculación prematura presenta como ventaja suplementaria el inculcar el sentido del valor de las ideas positivas y de las técnicas bien programadas.

Al cabo de un cierto periodo de aprendizaje, el control de la eyaculación se hará más sencillo, casi de forma natural, y no habrá necesidad de que sea programado tan rigurosamente. Gracias a la formación taoísta, el coito se realiza sin tensiones molestas y sin temor a que se llegue súbitamente a un punto sin retorno. Así, el hombre se puede mantener a voluntad un estado que es más que agradable (aunque no posea la intensidad de un orgasmo), y puede hacerlo sin esfuerzo durante un largo tiempo, o durante el tiempo que desee cuando haya adquirido la suficiente experiencia. Sabe que no evacuará su esperma hasta que él lo decida, o que retardará la eyaculación hasta el momento de otro acto posterior. El único testimonio objetivo del mantenimiento de sus sensaciones eróticas reside en la emisión prácticamente continua de un fluido poco denso, de origen esencialmente prostático.

Cómo puede cooperar la mujer en el control de la eyaculación

Un hombre muy experto puede por sí solo efectuar las maniobras indicadas por los preceptos taoístas. Sin embargo, un neófito o un amante menos avezado o habilidoso podrá comprobar como algunas maniobras femeninas contribuyen, afortunadamente, a retardar su eyaculación. Evidentemente, es preciso que la mujer sea perfectamente consciente de lo que le sucede a su amante en los momentos que anuncian el orgasmo y que sea capaz de efectuar los actos que, sin provocar el aumento de su intempestiva excitación, se opongan eficazmente a su progresión.

El principio básico que debe respetar la mujer cuando colabora en el control de la eyaculación para retardarla es el de suspender o ralentizar la excitación genital del hombre, en el caso de que éste manifieste indicios de una inminente eyaculación o de que lo verbalice. Cuando el varón no dispone del perfecto control necesario para diferir la eyaculación, la mujer lo percibe en la aparición de los signos que, habitualmente, anuncian la subida demasiado potente de su excitación.

Puede aprender mucho fijándose en las piernas de su amante. El aumento súbito de la excitación le hace doblar las piernas, al tiempo que su cuerpo se agita. Para sustraerse a esta tensión erótica, el hombre intenta estirar sus miembros inferiores. La mujer ha de saber que, en ese momento, no debe oponerse a tales movimientos. Por su parte, tiene que suspender cualquier estimulación poderosa y colaborar con su pareja en la medida de lo posible, sobre todo si éste requiere su ayuda. También debe saber que es esencial desviar la atención del hombre de las regiones genitales. Puede contribuir mediante las palabras adecuadas que distraigan la atención del varón, hasta que éste haya vuelto a dominar la situación. También debe prodigarle caricias en los lugares más alejados de las zonas genitales. Así, puede acariciar sus pies, pantorrillas y rodillas, pero evitará el contacto con los muslos y, sobre todo, con el vientre y la pelvis. También puede aplicar caricias sobre el cuello, la nuca, los brazos y el pecho. Las maniobras genitales clásicas para evitar la eyaculación son medidas de urgencia que se deben adoptar si la situación parece irreversible. Pero la mujer debe dominar perfectamente la técnica, saber qué hacer y qué no hacer, y actuar de pleno acuerdo con el hombre. La presión de la corona del glande, que ha de realizarse tras previa y común decisión del hombre y la mujer, debe acompañarse con una tracción hacia abajo de las bolsas testiculares. Este movimiento persigue obstaculizar la ascensión de los testículos, que anuncia de forma automática la eyaculación masculina.

La frecuencia de las eyaculaciones

Es importante diferenciar este problema del de las otras modalidades de sexualidad relacionadas con la evacuación del esperma.

Aunque recomienden la realización de coitos con la mayor frecuencia y duración posible, los preceptos taoístas y tántricos preconizan que la emisión de semen masculino debe realizarse en un limitado número de ocasiones. Su filosofía enseña que las eyaculaciones demasiado frecuentes son causa de cansancio y que conducen con mayor o menor rapidez a la senescencia prematura y a la decrepitud física. En cambio, la experiencia de los antiguos autores orientales, cuya sabiduría nunca debe dejar de reconocerse, asegura que hacer el amor según los preceptos taoístas y tántricos constituye una fuente de longevidad, de armonía nerviosa y sexual, y de buena salud en general. Si se acude a los antiguos textos chinos, se puede observar que la frecuencia ideal para la emisión efectiva de esperma en el adolescente y en el adulto joven es de una vez cada dos o tres días.

Es cierto que, mediante masturbación o coito, muchos jóvenes pueden alcanzar tres o cuatro orgasmos con eyaculación en el mismo día y durante varios días seguidos. Si este tipo de actividad sexual se mantiene durante unos cuantos años de ardor juvenil, las consecuencias serán nulas o mínimas. Sin embargo, los especialistas coinciden en aconsejar que se evite llegar a la eyaculación y que se intente, en la medida de lo posible, tener con bastante frecuencia orgasmos intermedios «secos».

Los antiguos chinos ofrecen diversas recomendaciones en función de las estaciones. Aunque sus consejos puedan parecer caducos y sin utilidad en la vida moderna, hay que tener en cuenta que su contexto es el de una época en la que la alimentación era escasa y poco variada, y en la que los individuos debían subsistir sin defensas a la intemperie. Por ejemplo, Lieo-King acepta que las eyaculaciones sean más frecuentes en verano y en otoño, pero aconseja disminuir las emisiones de semen viril durante los periodos invernales, precisamente cuando «el hombre debe almacenar la esencia yang».

En primavera, el goce acompañado de eyaculación adopta un carácter salutífero muy diferente al de la época anterior, en la que el hombre debe consagrar todos sus esfuerzos a la lucha contra el frío.

Por nuestra parte, hemos de tener en cuenta que la vida en Occidente no presenta la rudeza existente en la antigua China, y que nuestro clima es, afortunadamente, mucho más clemente. El concepto de conservación interior de la «esencia yang» reviste una especial significación en Extremo Oriente, y cuando los taoístas aseguran que «esto acerca al cielo», no podemos entenderlo muy bien. Sin embargo, si se hace abstracción de los factores de naturaleza esencialmente religiosa que impregnan el taoísmo, hay que reconocer que, en el terreno de la sexualidad práctica, los orientales poseen una experiencia mucho más amplia y rica que la nuestra.

A pesar de aprovechar los conocimientos de fisiología que, desde finales del siglo pasado, han contribuido a mejorar algunos aspectos, los sexólogos occidentales modernos no se han esforzado en tomar el relevo de la sabiduría milenaria oriental. A nuestro parecer, todo lo que acabamos de explicar constituye una ayuda de gran pragmatismo y eficacia.

Hemos desarrollado las grandes líneas de una sexología oriental que, aplicada correctamente, puede convertir al lector masculino en un «súper amante», y que, también leídas por la mujer, completarán agradablemente sus conocimientos prácticos sobre el arte de la táctica sexológica y sobre la forma más eficaz de manejar sabiamente a los hombres en el amor.

Sabemos que, en esta materia, las mujeres disponen de una sorprendente intuición natural, y que son sobre todo los hombres lo que necesitan extraer provecho de los conocimientos acumulados por Oriente en temática sexual.

Un último consejo que afecta precisamente al sexo masculino: los orientales consideran que no hay edades para hacer el amor. Rechace esta falsa idea: «Soy demasiado viejo para tener relaciones sexuales». En tanto que el deseo subsista, y que las posibilidades físicas no se vean reducidas a la nada (existen medicamentos de gran efectividad para que este hecho se produzca muy tardíamente), el hombre debe mantener relaciones sexuales completas. Si se comporta siempre como un conquistador y un triunfador, las mujeres más jóvenes seguirán deseando hacer el amor con usted.

Todas querrán beneficiarse de la experiencia que la vida y los libros como éste le han aportado. Instintivamente, toda mujer está a la búsqueda del placer extasiante que el hombre que ha vivido, el hombre con experiencia, puede prodigarle.

La eyaculación precoz, prematura o acto breve

La eyaculación precoz constituye para una gran parte de hombres, jóvenes y demasiado impetuosos, un auténtica enfermedad que debe ser combatida por todos los medios posibles.

La importancia de este problema, el más frecuentemente observado entre las perturbaciones de la sexualidad masculina, fue perfectamente comprendida por los maestros orientales. Como hemos visto, la práctica del taoísmo ofrece una solución radical a este obstáculo redhibitorio de las relaciones sexuales satisfactorias. En Occidente, donde el taoísmo se ha introducido recientemente y sólo es conocido por una mínima parte de la población, el problema continúa estando muy extendido, a pesar de los progresos realizados durante el siglo XX en sexología práctica.

Existe una predisposición general a la eyaculación precoz. El hombre que la padece suele tener imperiosas necesidades sexuales y una posibilidad de realizarlas superior a la normal. Su problema es que el acto carnal se realiza muy deprisa, dejando a la mujer en un profundo estado de frustración.

Por regla general, la pubertad de esta clase de hombre ha sido muy precoz, y no es extraño que haya tenido experiencias sexuales muy tempranas. Desgraciadamente para su equilibrio nervioso, sus primeras relaciones se desarrollaron en un ambiente represivo o clandestino, que le llevaba a penetrar a la mujer tras unos mínimos (o inexistentes) preliminares, para eyacular lo más pronto posible: «descargar» se convertía así en sinónimo de poder «irse». Es probable que dos o tres experiencias análogas en los inicios de la vida sexual hayan desembocado en un condicionamiento psicológico en el que la eyaculación precoz se convierte en un acto reflejo.

Otro factor que puede estar en el origen de la eyaculación precoz es el relacionado con los hombres que buscan el placer en las prostitutas. Éstas desean acabar lo más rápidamente posible aquello que, para ellas, no es más que un trabajo, y contribuyen a abreviar la relación mediante sus maniobras y exhortaciones.

Al igual que la impotencia, el acto breve suele estar provocado por un temor, motivado o no, o por un «miedo angustioso al fracaso», problema psicológico habitual. Así pues, este temor surge en cada relación. El hombre intenta actuar como ha previsto antes de empezar pero, sin utilizar una técnica adecuada, se encuentra condenado al fracaso. Por ejemplo, sabe que debe desviar su atención del acto sexual ante la proximidad de una eyaculación intempestiva. Ese esfuerzo por «retener» aumenta su angustia y sus tensiones inhibidoras. Si se limita a esa inapropiada estrategia, no hará más que desvincular el acto sexual de su contenido erótico, e incluso correrá el riesgo de que surjan problemas de erección, hasta ahora inexistentes. El varón acaba por espaciar voluntariamente las relaciones, que se han convertido en auténticas pruebas de fuego para él; pero esto contribuye a aumentar la brevedad del acto, ya que el reflejo eyaculatorio se activa más rápidamente cuando sucede a un periodo de abstinencia. Al cabo de un cierto tiempo, las recriminaciones de la mujer harán insostenible la situación.

La conducta a adoptar

Existen dos posibilidades:

- El acto breve ni siquiera permite la introducción de la verga. El hombre eyacula a veces antes de que su glande toque la vagina. Es lo que se denomina «eya-

culación *ante portas*». El problema es complejo y requiere la intervención de un sexólogo.
- La introducción es posible, pero la duración es demasiado efímera para proporcionar alguna satisfacción a la mujer. Tras la penetración, la más mínima subida de voluptuosidad obliga al hombre a detenerse o a iniciar una rápida retirada, lo que bastará para asegurar la desaparición momentánea de la excitación o, por el contrario, constituirá una fuente suplementaria de estimulación.

En este estadio, debe realizar una serie de maniobras específicas. Se trata de las mismas técnicas que los taoístas utilizan para la prolongación indefinida del acto sexual. Constituyen auténticas escalas, similares a las que ejecuta un músico para adquirir la perfección en su arte.

Entre los tradicionales y milenarios métodos chinos, aprovechados mucho tiempo después por los sexólogos occidentales, se deben mencionar los siguientes:

El método respiratorio

Cuando el hombre está realizando el coito con penetración total o parcial de la verga, debe adoptar una serie de medidas inhibidoras entre las que la respiración es el elemento clave, especialmente cuando experimenta una intensa subida de la excitación.

Tiene que efectuar una inspiración por la nariz, lenta y profunda, seguida de una espiración todavía más lenta, siempre por las ventanas nasales. Manteniendo la boca muy cerrada, ejercerá una moderada presión con el borde de los dientes sobre la punta de la lengua. Se trata de una simple acción desviatoria, no específica.

El principio de esta técnica consiste en desviar la atención de las sensaciones eróticas hacia otras regiones menos afectadas por la acción sexual. Se pueden idear otros métodos de desviación refleja de la atención: apretar los dedos hasta el punto de sentir un poco de dolor, morderse ligeramente o frotar vigorosamente entre sí las rodillas o los pies. Cada cual debe seleccionar el sistema que más le convenga. Lo esencial es disponer de un arma de defensa eficaz contra un proceso intempestivo de conclusión del acto. En esos momentos, algunos hombres se limitan a cerrar con mayor o menor fuerza los ojos. Otros, en cambio, prefieren mantenerlos abiertos y fijar la mirada en un punto fijo que distraiga su atención.

La maniobra prostática

Mientras la excitación directa de la próstata con el dedo o con un vibrador introducido por vía rectal contribuye a aumentar las sensaciones voluptuosas del hombre, la compresión de la «zona de proyección externa de la próstata» tiene un efecto inhibidor inmediato sobre el acceso demasiado veloz de la eyaculación. Esta zona se localiza sobre la piel, a igual distancia del ano y de la parte superior posterior de las bolsas.

La maniobra testicular

No se debe actuar sobre el testículo mismo, sino sobre su envoltura fibrosa, el escroto (o bolsas). El hombre o su pareja agarra la parte inferior del escroto y ejerce una tracción firme y rápida hacia abajo.

La maniobra de compresión del pene

La compresión se realiza en la base del glande, sujetada entre el pulgar y el índice, ya sea por el hombre o por la mujer. Esta compresión provoca una inhibición en el proceso eyaculador y constituye un método simple y eficaz tanto para luchar contra la eyaculación precoz como para prolongar indefinidamente el acto carnal, siempre desde una óptica taoísta. Este procedimiento, empleado en Oriente desde hace miles de años, ha sido reconocido recientemente gracias a los trabajos de varios sexólogos americanos.

La maniobra de contracción del hara

Para los orientales, el hara es una región de importancia capital que se corresponde con el centro muscular del bajo vientre. Concentrar su mente en esta zona y situar en ella su centro de gravedad favorece una enorme acumulación de energía espiritual y sexual. El hombre debe contraer su bajo vientre, dirigiendo intensamente el flujo de sus pensamientos hacia esta región. Es el mismo movimiento que hace cuando quiere evitar ir al lavabo. El mejor momento para realizar esta contracción de la zona baja abdominal es después de una fuerte espiración, seguida de una retención de aliento. Los adeptos al yoga reconocerán en ello la técnica del *mula bandha* y no tendrán ninguna dificultad para ponerla en práctica. Cuando la excitación fuerte haya desaparecido, se puede retomar el coito, siempre en actitud vigilante. Ante una nueva y poderosa subida de la excitabilidad, se deben reproducir las mismas acciones.

El papel de la mujer

Si acepta tomar las riendas de la operación, puede constituirse en el más eficaz factor para evitar la eyaculación. Ante la menor señal de alerta, le basta con mantenerse totalmente inmóvil y, al reemprender la actividad erótica, debe hacerlo muy lentamente y con la mayor lasitud posible en los contactos mucosos. Tendrá mucho cuidado en no realizar presiones vaginales sobre la verga y, sobre todo, movimientos rotatorios de la pelvis. Si todo funciona como debe, se limitará a realizar movimientos de vaivén simétricos y de escasa amplitud. También puede realizar las maniobras clásicas de compresión de la base del glande, combinadas con tracciones del escroto y otros sistemas de retención.

¿Qué debe hacer el hombre cuando se siente repentinamente incapaz de materializar sus deseos eróticos?

En las siguientes líneas vamos a abordar este estado frecuente según las estadísticas, pero completamente accidental y sin relación alguna con los problemas profundos y a menudo crónicos de la erección y del deseo. Esta situación no requiere ningún tipo de tratamiento psicoterapéutico a largo plazo, ni exige la administración de medicamentos.

Este problema tiene que ser resuelto de la forma más simple posible, pero constituye una situación de «urgencia» que no se debe subestimar. De hecho, este tipo de fracaso es muy mal aceptado por los hombres, víctimas ocasionales de este borrón que empaña su excelente currículo sexual. El sentimiento de fracaso es más profundo en aquellos que suelen considerar sus proezas sexuales como hazañas deportivas o de competición.

Lo esencial es la relajación. Contrariamente a lo que se podría pensar, no es un estimulante lo que el hombre necesita en ciertas ocasiones, sino una relajación que aporte la calma total a su espíritu atormentado y a un cuerpo cuyas contracciones anárquicas se rebelan contra el objetivo esperado. Conviene recordar que cualquier tensión que no esté convenientemente orientada hacia el desarrollo progresivo del acto sexual presenta un potente efecto inhibidor.

Cada persona debe relajarse a su manera, pero los partidarios el yoga poseen, en cierta manera, una evidente superioridad respecto al común de los mortales. En esos momentos, es primordial poder dominar totalmente el control de los pensamientos. En este contexto, es manifiesta la importancia que posee la diferenciación entre pensamientos positivos y negativos. Se trata de un hecho reconocido por todos los sexólogos: al intentar eliminar la impotencia, ésta surge con más fuerza.

Un pensamiento negativo de este orden ejerce efectos inhibidores respecto a la erección. La persona afectada puede comprobar que, ante ese pensamiento, su boca se reseca y su cuerpo se empapa en sudores fríos. Esto demuestra que las ideas negativas no tienen repercusiones locales en materia de sexualidad, sino que afectan a todos los niveles a través de la globalidad del sistema nervioso.

El hombre que siente la incapacidad de tener una erección no debe pensar en ello, sino *consagrar por completo su espíritu a la excitación que la mujer va a manifestar bajo el efecto de su experta manera de conducir los preliminares*. Si se dedica a velar por la excitación de su pareja, es muy probable que, de manera casi inconsciente, su deseo comience a resucitar. Esta excitación constituye un estimulante natural mucho más rápido y eficaz que cualquier afrodisiaco. Asimismo, elimine cualquier pensamiento negativo o sensación humillante. Recuerde que lo que le sucede es muy habitual y que lo importante es que se va a normalizar inmediatamente. Incluso en el muy excepcional caso de que el coito no pueda llevarse a cabo, piense que mañana todo irá mucho mejor.

El problema de la erección fláccida: una solución oriental

Consideraciones previas

Un glande en estado fláccido puede ser introducido parcialmente y sin excesiva dificultad cuando la lubrificación femenina es considerable o, en caso de necesidad, con la ayuda de lubricantes artificiales.

Lo que se opone a la penetración del pene es la presión que le presentan las paredes vaginales. Conviene recordar que estas presiones varían según las posturas adoptadas por la pareja durante el acto sexual. Contrariamente a lo que se podría pensar, la postura de Andrómaca, en la que la mujer se sienta sobre el hombre, es la que opone la resistencia más fuerte al avance de la verga. Es más aconsejable adoptar una posición lateral. La postura masculina más frecuente, la del varón sobre la hembra o del misionero, no favorece la presión manual del glande, al menos por parte del hombre, y viene acompañadas por tensiones musculares en la mitad inferior del cuerpo, tensiones que se oponen al estado de relajación propicio para estos casos.

Además, la experiencia demuestra que el éxito de esta operación se ve considerablemente favorecido cuando existe una buena relación entre los amantes y cuando la mujer participa activamente en la creación de un ambiente de colaboración eficaz. Cualquier actitud negativa, simplemente neutra o, sobre todo, crítica que emane de la hembra puede tener consecuencias nefastas. Las caricias mutuas, hábiles y duraderas, ejercen unos indiscutibles efectos benéficos.

Técnica

- La mujer o el hombre sostiene el glande mediante dos dedos y lo introducen parcialmente en una vagina bien lubricada por los licores de la excitación sensual femenina o por el empleo de un producto especial (no necesariamente).
- Cuando se manifiesta un principio de erección, conviene mantenerla en la medida de lo posible. Para ello, el hombre o la mujer, formando un anillo con los dedos, comprime la parte posterior de la verga. Basta con una moderada presión para obtener el resultado

deseado, sin riesgo de interferir el flujo arterial, que sólo se obstaculizaría con compresiones muy fuertes.
- Una vez conseguida una relativa rigidez de la verga, es indispensable completarla y mantenerla mediante movimientos de vaivén. Además, éstos presentarán la ventaja de alimentar la excitación de la mujer, cuyas manifestaciones, como hemos visto, son un factor estimulador para la erección masculina.
- Al cabo de esta corta fase, no habrá más necesidad de comprimir permanentemente con los dedos la base de la verga, pero los amantes deben permanecer en estado de alerta para volver a practicarla en caso de necesidad.
- Aprovecharemos para mencionar aquí el empleo de anillos de caucho, disponibles en comercios eróticos especializados. Este procedimiento resulta muy interesante cuando se presentan deficiencias ocasionales por motivos habitualmente psíquicos. Se puede aplicar también en el hombre demasiado cansado físicamente para mantener una relación sexual en condiciones normales. En cambio, no es conveniente para tratar impotencias orgánicas o problemas funcionales crónicos provocados por graves causas físicas, como estados neuróticos estructurales. Los intentos de utilización también serán decepcionantes cuando la pareja no esté bien avenida o cuando la técnica no se haya aplicado correctamente.

Ejercicios para mantener la rigidez de la erección y la movilidad y actividad de la verga

Estos ejercicios comportan la práctica de una gimnasia destinada a reforzar los músculos de los glúteos, de los muslos y de la pelvis menor, así como el conjunto de la musculatura abdominal.

Esta gimnasia está compuesta de movimientos de piernas, de flexión y extensión, de elevación y descenso alternados, de rotación, de tijeras verticales y horizontales con las piernas levantadas 45° respecto al suelo, y también de movimientos de flexión, extensión y torsión del busto sobre el abdomen. Se prestará especial atención al músculo pubococcíceo y a los esfínteres urinarios. El hombre realizará también los ejercicios Kegel, especialmente recomendados en las mujeres cuya sexualidad se vea obstaculizada por problemas urinarios, consistentes en entrenarse en la reiterada interrupción del chorro de orina.

La *rigidez de la verga* puede aumentarse colocando una tela, habitualmente una toalla, sobre el falo en erección. La duración del ejercicio y la cantidad de peso soportado deben ir aumentando progresivamente, sin llegar a cometer nunca imprudencias que vayan más allá de las posibilidades del hombre.

La lubrificación en la mujer

Para que la relación sexual se desarrolle convenientemente, es muy importante que exista una adecuada lubrificación previa a cualquier intento de penetración.

Tres factores naturales

1. Una buena parte de la lubrificación natural de la vulva está asegurada por el aumento de la secreción fisiológica normal de las *glándulas de Bartholin*. Estas glándulas emanan una secreción clara, líquida y un poco viscosa. Cuando se presenta en cantidad suficiente, constituye un excelente lubricante natural, con un gran poder deslizante que no disminuye la sensibilidad del hombre ni la de la mujer y que, además, no provoca irritación.

    La inflamación aguda de una glándula de Bartholin se denomina *bartholinitis*, y constituye una afección muy dolorosa y bastante seria, con formación de una enorme tumefacción de la glándula. La ablación quirúrgica de las glándulas de Bartholin provoca una insuficiente lubrificación natural de la vagina.

2. Existe otra fuente de lubricación situada en las *glándulas del cuello del útero*, extremidad de la matriz que emerge en el fondo de la vagina. Esta secreción

desaparece cuando se practica una histerectomía total, que comporta la extracción del cuello uterino. Si no es completa, el cuello puede conservarse y, con ello, su secreción. Las glándulas del cuello uterino participan poco en la lubrificación. Sin embargo, segregan un líquido viscoso, alcalino, muy adherente y compuesto de mucina.

3. *Las reacciones de humidifación de la excitación sexual.* Las dos primeras modalidades de lubrificación no son comparables a la que garantiza la *trasudación vaginal*. La vagina se humedece considerablemente durante la *excitación erótica*. De ello, no produce por sí misma ninguna secreción, pero deja trasudar un líquido ácido, de color claro y lechoso, que hace recordar al almidón. Este líquido, más que las segregaciones de las glándulas de Bartholin y del cuello de la matriz, es el que asegura la lubrificación vaginal.

Una lubrificación intempestiva

Nos estamos refiriendo a las pérdidas, *flujos blancos* (o *leucorreas*), que normalmente no deben presentarse o sólo en cantidades mínimas. Reflejan un estado de irritación de las mucosas y, a menudo, un estado infeccioso. En este último caso, contienen gérmenes microbianos u hongos microscópicos, que son los agentes de las micosis.

Por regla general, un especialista puede indicar la naturaleza del germen patógeno mediante el simple examen de las pérdidas, pero un análisis en laboratorio ofrecerá precisiones más clarificadoras. Estas pérdidas presentan un escaso poder lubrificante, son irritantes y, según la naturaleza de los microbios u hongos, presentan un menor o mayor peligro para las mucosas de la verga masculina. Una higiene íntima antes de la relación los hace desaparecer con relativa facilidad, pero también seca la vagina, por lo que hay recurrir a lubricantes artificiales.

La lubrificación en el hombre

Su secreción lubrificante natural es escasa, y el hombre debe contar sobre todo con la que proporciona la mujer.

El esmegma

Se llama así a una secreción que se acumula en la base del glande masculino. Esta sustancia que contiene células queratinizadas y numerosas bacterias inofensivas (bacterias saprófitas) es, en cierta manera, semejante a las pérdidas blancas de la mujer. Su poder lubrificante es muy mediocre y, para proteger de sus efectos irritantes y nocivos a las mucosas femeninas, hay que adoptar antes de cada relación la elemental medida de un cuidadoso lavado. Por lo general, resulta necesario facilitar el deslizamiento de la verga en las vías vaginales mediante la ayuda de vaselina u otras sustancias grasas, o por medio de productos especializados mucho más eficaces y activos, que no ensucian la ropa de cama.

Cómo modificar la lubrificación natural

- Ante una lubricación excesiva, debida a una fuerte actividad de los factores fisiológicos que provocan la humidificación de la vagina, se puede poner remedio mediante inyecciones vaginales de desecación o de óvulos con la misma acción.

    Una secreción excesiva es un fenómeno que resulta muy excitante para el hombre, que se suele atribuir todo el mérito, incluso el de las intempestivas pérdidas blancas. En ocasiones sucede que el líquido vaginal fluye al exterior y se desliza por los muslos. En ese fluido lechoso, la verga masculina se «sumerge» y su sensibilidad aumenta considerablemente.
- Si las mucosas vaginales presentan una humedad suficiente para que la relación entre los amantes trans-

curra con total normalidad, hay que prevenir cualquier maniobra que pudiera modificar esa situación en un sentido u otro.
- Ante una vagina excesivamente seca, eventualidad bastante corriente a la que predisponen ciertos estados de la constitución femenina (las mujeres demasiado lentas en excitarse o las que sufren los efectos de la menopausia o de una avanzada edad), es indispensable incrementar la lubrificación natural o emplear lubricantes artificiales.

La humidificación natural puede aumentar mediante caricias. Cuando, tras los preliminares, la lubrificación femenina no es suficiente, hay que cuestionar la naturaleza de las relaciones hasta ese momento. ¿Por qué no han surtido efecto las caricias preliminares? Puede suceder que, a pesar del placer que proporcionan a la mujer, no se haya establecido una adecuada relación entre las regiones excitadas y las zonas de secreción genital refleja. En este caso, se recomienda trabajar los senos en profundidad. Su erotización es sorprendentemente efectiva en algunas mujeres. Por ejemplo, pueden alcanzar un goce supremo y muy próximo al de un auténtico orgasmo si se acarician sus pechos y, sobre todo, si se succionan los pezones y se lamen alternativamente las areolas. Al tiempo que se consigue el objetivo anhelado, se habrá activado una secreción vaginal de inesperada intensidad. Es evidente que se puede alcanzar un orgasmo mediante una acción erotizante sobre los senos, pero, en caso de sequedad vaginal, lo importante es transferir las sensaciones de los pechos a los polos específicamente genitales.

La lubrificación artificial

Se debe recurrir a ella sólo si han fracasado todos los intentos de estimulación del sistema lubricante natural. La elección del producto empleado es de gran importancia. Antiguamente se empleaba cualquier tipo de sustancia grasa de origen animal o mineral que se tuviese a mano. La mantequilla y la vaselina han desempeñado un importante papel como complemento amoroso. Presentan la ventaja de ser muy eficaces sin producir ningún tipo de irritación. Por desgracia, suelen dejar manchas bastante desagradables sobre la ropa de cama.

En la actualidad, se puede adquirir en farmacias toda una serie de productos especializados que facilitan enormemente la lubrificación del orificio del receptáculo amoroso femenino. El farmacéutico puede aconsejarle a este respecto, pero el criterio de elección básico depende de su experiencia personal, tras realizar pruebas y comparaciones entre varios de esos productos.

Combinación de lubrificantes y afrodisiacos

Este tipo de productos es muy recomendable para aquellas mujeres completamente normales que sientan la necesidad de una excitación complementaria para entrar en el juego amoroso. En caso de irritación de la vagina y de los labios mayores y menores, los productos químicos afrodisiacos incorporados a las cremas ejercen un efecto local que estimula los corpúsculos nerviosos de la piel y de los vasos que irrigan la epidermis de las regiones genitales. Hay que tener en cuenta que lo que excita poderosamente a una mujer en condiciones normales también puede servir para mejorar una irritación genital preexistente.

Si mediante este tipo de lubrificación no se obtienen los resultados esperados, es que nos encontramos ante un caso de «vagina seca». Se debe proceder entonces a un examen médico para descubrir la causa orgánica de esa sequedad: anomalía anatómica, afección del sistema nervioso, etc.

El jardín de Eros

Desde tiempos inmemoriales, numerosas plantas han ejercido como valiosos complementos para el buen funcionamiento de las actividades sexuales. Dedicaremos un apartado especial a la raíz de ginseng.

La raíz de ginseng

Esta planta herbácea vivaz pertenece al género *Panax* de la familia de las *araliáceas*. Se utiliza en Oriente como afrodisiaco desde hace más de 4.000 años. Posee una raíz en tubérculo muy característica y voluminosa. Algunas personas imaginativas comparan su apariencia con la del ser humano. Esta raíz puede ser utilizada terapéuticamente, sobre todo en sexología. «La raíz maravillosa que proporciona una segunda juventud» es la variedad oriental *Panax ginseng*. También existe una variedad originaria del este de Norteamérica, *Panax quinquefolium*, mucho menos apreciada por los iniciados. La altura de la planta adulta varía entre treinta y ochenta centímetros.

En China, Corea y Japón, el *Panax ginseng* crece exclusivamente en estado natural, en medio de espesos bosques en las laderas húmedas y meridionales de algunas montañas. Sus flores blanquecinas se agrupan en umbelas y sus frutos son bayas rojas sin aplicaciones médicas. Las hojas palmisecadas emergen de las finas ramificaciones de la planta.

En Europa, el ginseng fue introducido hacia el siglo IX por los árabes, pero fue durante el reinado de Luis XIV cuando se puso de moda, gracias al presente que el embajador de Siam entregó al monarca. En esta época, el ginseng alcanzó precios astronómicos.

Esta moda declinó progresivamente hasta que emergió con mayor fuerza hacia 1970, fecha en la que el análisis químico de los constituyentes del ginseng confirmó su validez. Se descubrió la presencia de «ginsenoides», saponoides cuya eficacia terapéutica en diversos ámbitos fue puesta de manifiesto por algunos científicos. No nos extenderemos en la relación de sus múltiples propiedades médicas, sino que nos limitaremos a dos puntos esenciales:

- El ginseng aumenta la resistencia al cansancio y permite combatir los efectos nocivos del estrés. Estimula el sistema nervioso central y mejora globalmente la actividad cerebral.
- Su acción benefactora sobre las capacidades físicas e intelectuales está acompañada por unos efectos afrodisiacos confirmados repetidas veces. La ventaja del ginseng sobre el resto de los afrodisiacos, especialmente los de origen químico, es la de su total inocuidad.

El ginseng puede ser utilizado para combatir el cansancio sexual en los dos miembros de la pareja, la impotencia del hombre o la frigidez de la mujer, y está especialmente indicado en el caso de que esta última perturbación sexual sea provocada por problemas de menopausia.

El doctor S. Roshan, de Nueva Jersey, asocia esta última indicación a la vitamina E y, a este respecto, ha publicado observaciones realmente convincentes.

Problemas prácticos de importancia primordial

Aunque usted no haya probado nunca los positivos efectos del ginseng, puede notar una gran diferencia de intensidad según la calidad del ginseng empleado y su modo de aplicación. En todo el mundo, la reputación del ginseng es tan grande que se puede adquirir bajo muchos formatos y modalidades: polvo de raíces secas, nebulizado, extracto seco, etc. El consumidor se siente perdido ante un abanico tan amplio; a veces se siente desconcertado y, a menudo, insatisfecho.

Qué es lo esencial

Lo esencial reside en la naturaleza del ginseng consumido, lo que en la práctica está relacionado con las calidades respectivas de los ginsengs de diferentes colores.

Existen tres clases de ginseng: en primer lugar, el **ginseng salvaje**, que se recoge directamente en el bosque y que contiene las sustancias más activas. Pero este tipo es muy escaso y prácticamente inasequible. Su precio alcanza los tres millones de pesetas por kilo.

Después está el **ginseng semisalvaje**, que a menudo se encuentra en el mercado bajo la denominación de ginseng salvaje. Se obtiene mediante esquejes de ginseng salvaje, trasplantado y recolectado como mínimo seis veces al año.

A continuación tenemos el **ginseng cultivado** industrialmente a partir de semillas plantadas en una tierra que no es la suya y en recipientes en los que se han mezclado las hojas y frutos de recolectas anteriores. Éste es el ginseng que se encuentra habitualmente en las tiendas especializadas. Es de una calidad inferior a la del ginseng semisalvaje. El doctor Guy Larive, director de los cursos de fitoterapia en la Facultad de Medicina de Bobigny, se ha entregado en cuerpo y alma a su estudio. Ha demostrado que el ginseng rojo semisalvaje presenta un índice de sapónidos de entre un 6 y un 13%, e incluso más, prácticamente el doble de los que suelen encontrarse en el ginseng blanco.

Otros dos principios activos, el panaxadiol y el panaxotriol, se encuentran en el ginseng rojo semisalvaje en una cantidad diez veces superior a la del ginseng blanco. Una vez demostrada la superioridad del primero, ¿se deben emplear de manera generalizada su raíz o su extracto? El problema no es nuevo.

A principios del siglo XX, el descubrimiento de una nueva técnica, el método Perrot-Gorris, permitió la elaboración de extractos de plantas de una gran pureza y conservación indefinida. Los extractos producidos de esta manera fueron bautizados como *intractos*, y se creyó haber encontrado la forma ideal de presentación oficinal de las plantas. Ahora bien, durante los siguientes años varios especialistas en el tratamiento de las plantas se dieron cuenta de que los preparados de numerosos productos vegetales elaborados sin extracción mostraban una mayor eficacia que estos sofisticados extractos. La explicación era muy simple. Existen en la planta algunos principios activos que no pueden materializarse en el extracto. Aunque la naturaleza de estas sustancias es todavía desconocida, resultan indispensables para obtener el efecto global deseado. Esto es lo que sucede con el ginseng rojo. Algunos elementos de la raíz no pueden ser extraídos.

El producto natural reposa sobre el equilibrio biológico de sus principios activos. La técnica de extracción desestabiliza la raíz y la priva de una parte de su eficacia. Con respecto a esta cuestión, un especialista en la materia, Gérard Edde, del North American College of Chinese Herbalism, se manifiesta de la siguiente manera: «La raíz de ginseng es más potente que cualquier extracto de glucósidos del ginseng obtenidos química o bioquímicamente. Todas las pruebas de laboratorio así lo demuestran.»

Cómo preparar el ginseng rojo

Se seleccionan las raíces más grandes. Se lavan con agua y a continuación se ponen al baño maría a 80 °C y bajo presión. Se secan primero al vapor, a unos 60 °C, y después por exposición al sol. Esta costosa preparación sólo debe realizarse con ginseng de muy alta calidad. La película helada que se forma en su superficie asegura una mejor conservación de los principios activos durante varios años. Es por lo que los chinos, tras una experiencia milenaria, han escogido este sistema de tratamiento.

Cuando se habla de ginseng rojo nos estamos refiriendo al semisalvaje, ya que, si no es así, su calidad no es superior a la del ginseng blanco. El color rojo-amarronado es propio de la raíz. Tras tamizarlo, la capa de color se deposita en el cedazo, y el polvo que queda es de un tono beige oscuro. El consumo diario de ginseng rojo semisalvaje es de 500 mg, dosificados en dos cápsulas de 250 mg. Las raíces que no son propicias para la elaboración de ginseng rojo se destinan a la preparación del blanco. Se sanean con agua hirviendo y se secan al sol.

Cómo conseguir un ginseng rojo conforme a las normas dictadas por los especialistas internacionales citados anteriormente

El ginseng rojo semisalvaje de China está comercializado con la autorización del Ministerio de Sanidad, es un producto que comercializan algunos laboratorios farmacéuticos.

El jengibre

Segundo en la lista de los afrodisiacos vegetales, el jengibre goza de una gran reputación desde la Antigüedad. Marco Polo fue el primer europeo que tuvo conocimiento de ello. En los países anglosajones recibió el nombre de *ginger*. Se la asocia a menudo con la canela empleada para aromatizar el púding, la mermelada y otro preparados con frutas, así como para elaborar los panes de jengibre, los *gingerbreads*. Los ingleses lo combinan con cerveza (*ginger beer*) y mezclan el whisky y la ginebra con *ginger ale*, un agua gasificada mediante esencia de jengibre. En Oriente, sobre todo en China, Japón y la India, se consume al natural y cortado en láminas en toda clase de sopas, platos de pescado, escabeches, etc. Se añade prácticamente a todas las salsas y uno de los dulces más apreciados es el jengibre confitado. El célebre fitoterapeuta Henri Leclerc comentaba sobre este delicioso postre: «No conozco ningún dulce que ejerza una seducción comparable a la del jengibre confitado, cuyas bolas traslúcidas y escarchadas de azúcar candi, parecidas a topacios cubiertos de polvo de diamante, se funden deliciosamente en la boca y desprenden un aroma exquisito y persistente». En nuestros días, el polvo de curry posee una gran aceptación en todo el mundo. Ello se debe en parte al aroma a jengibre molido que forma parte de su composición. De las aproximadamente setenta especies de jengibre conocidas, la más consumida es el *Zíngiber officinale*. Es una oleorresina, el jingerol, la que le confiere su olor intensamente aromático y su vivo sabor. No nos extenderemos en las múltiples propiedades digestivas, entre otras, del jengibre, limitándonos a sus efectos afrodisiacos, ponderados durante el reinado francés de Luis XV, época en la que se vendían con gran profusión pastillas elaboradas con jengibre: «pastillas estimulantes», «pastillas afrodisiacas», «pastillas del serrallo», etc. La fama del jengibre y de sus propiedades virilizantes se extendió pronto a África y, sobre todo, al Senegal. Por lo que respecta a los orientales, no han dejado de ser durante siglos sus principales beneficiarios.

Utilización médica

Entre las presentaciones farmacéuticas del jengibre, una de las formas más prácticas es la representada por las píldoras. Por lo general se dosifican en cantidades de 280 gr de polvo de jengibre, y se ingieren por vía oral, a razón de 2 o 3 píldoras antes de las comidas (para los adultos). Existen también presentaciones en comprimidos.

La menta piperita *(Mentha piperita)*

Esta planta medicinal es un híbrido entre la menta acuática y la verde, perteneciente a las labiadas odoríferas. Son necesarios 100 kg de plantas frescas para obtener 200 gr. de aceite volátil. El constituyente principal es el mentol, que cristaliza en formas incoloras y solubles en alcohol. Este aceite esencial posee propiedades revitalizantes y analgésicas de aplicación externa. También posee otras indicaciones de uso interno. Las únicas que nos conciernen son los efectos estimulantes del sistema nervioso, tonificantes de la actividad sexual.

Modo de empleo

En materia de vigor sexual, no se emplea el mentol, sino preparados elaborados con la planta que aprovechan la riqueza aromática de las sumidades florales y de las hojas frescas. Se puede consumir en infusiones de 10 por 1.000, como alcoholato vulnerario en dosis de 4 gr al día diluidos en agua muy azucarada, con agua destilada (*aqua stillata menthae piperita*) en dosis que varían entre 20 y 100 gr al día, o entre dos y diez gotas de esencia de menta con azúcar. Las pastillas y el té a la menta no poseen especiales propiedades afrodisiacas. Recordemos asimismo que la menta está contraindicada en tratamientos homeopáticos.

El acanto

El acanto, en forma de tintura de *Heracleum spondylium*, es muy eficaz y no presenta efectos tóxicos. Se emplea selectivamente en la disminución del deseo sexual de la vejez, en dosis de entre veinticinco y cuarenta gotas al día.

La ajedrea

La tintura de ajedrea también está considerada como un buen afrodisiaco vegetal, cuyas esencias, extraídas de sus principios activos, no producen toxicidad. La dosis media es de entre 20 y 40 gotas al día. Recordemos que la ajedrea forma parte de las hierbas aromáticas utilizadas en gastronomía. Esta planta se utiliza especialmente en Provenza.

La canela

La canela se ha extendido a todo el mundo dese la India. Su nombre original era *Cacynnama*, que significaba «madera aromática». Antiguamente se llamaba cinamomo al árbol que la producía y *Cassia* a su corteza. Por regla general se utiliza la canela de la India, pero también se consume la de la China, extraída del canelo, cuyo nombre científico es *Cinnamomum cassia*.

En Europa, la canela fue dada a conocer por el truculento Rabelais, que empleaba el licor de canela para fortalecer la vitalidad y el ardor sexuales.

La tintura de canela, la poción de Todd que contiene, han reemplazado en nuestros días a las arcaicas presentaciones medievales. Su eficacia afrodisiaca es menos directa sobre la actividad sexual y está más relacionada con una estimulación general que con efectos específicos. Las dosis de canela que se utilizan en gastronomía son muy escasas, y no ejercen otro efecto fisiológico que el de estimular la digestión.

La pimienta

La pimienta forma parte de las especies estimulantes y su muy conocido poder afrodisiaco está relacionado con sus potentes efectos congestivos sobre el conjunto de los órganos de la pelvis menor, genitales incluidos. Por desgracia, estos efectos son peligrosamente excitantes para los estómagos sensibles y muy irritantes para las vías genitales y urinarias que padezcan patologías inflamatorias. Por tanto, la pimienta está contraindicada en las personas de ambos sexos que pertenezcan a una de esas dos categorías. Incluso los sujetos que gocen de una perfecta salud no deben excederse en las dosis normales, debido a la gran estimulación que esta especia provoca.

La denominada pimienta en grano es la baya entera del pimentero, recolectada antes de madurar y desecada. El sabor menos picante de la pimienta blanca se debe a un tratamiento especial mediante el cual se elimina la envoltura exterior de las bayas. Éstas se maceran en agua de mar, después se secan por exposición al sol y, finalmente, son despojadas de su pericarpio. La pimienta negra, cuyo sabor es el más fuerte, se elabora con las bayas recogidas en el momento de amarilleo y secadas al sol. La pimienta gris es una combinación de las dos anteriores.

Otras contraidicaciones de la pimienta están relacionadas con su alto contenido de ácido oxálico. Los gotosos y las personas que sufran cálculos urinarios como la litiasis oxálica deben abstenerse de consumirla.

La pimienta de Jamaica

Esta denominación es incorrecta, ya que la pimienta de Jamaica debe ser clasificada en función de su nombre latino, *Pimentum officinalis*. Pertenece a la familia de las mirtáceas y se denomina normalmente pimienta rosa. Procede de un árbol que puede alcanzar una altura de 10 metros, con hojas lanceoladas de intenso color verde y pequeñas flores de un hermoso tono azulado. Los frutos son recogidos antes de madurar, cuando se vuelven de color rojo-púrpura. Los granos secados presentan un volumen poco mayor que el de los granos de pimienta. Su olor, provocado por el eugenol, principio activo de su esencia, recuerda al del clavo. La pimienta de Jamaica ejerce notables efectos estimulantes sobre las actividades sexuales y debe ser utilizada con prudencia por las personas con un aparato digestivo sensible. Este producto se encuentra habitualmente en preparados de especias mezcladas y en todo tipo de salsas para ensaladas. En los entremeses, combina muy bien con la remolacha.

La pimienta de Cayena

He aquí otro ejemplo de utilización errónea de la palabra pimienta. Lo que se denomina como pimienta de

Cayena se obtiene con una variedad de guindilla, *Capsicum frutescens*. Sus virtudes afrodisiacas son tan positivas como negativa es la irritación que puede provocar en un aparato digestivo delicado.

Las guindillas

El principio activo de la guindilla es la capsicina, de la que contiene una considerable cantidad. A ella debe sus propiedades afrodisiacas, muy bien aprovechadas en las salsas de los restaurantes chinos. La abundancia de capsicina en la guindilla es muy superior a la de otros tipos de pimientos, incluso si pueden ser incluidos en la categoría de condimentos y no en la de verduras, como el pimiento verde.

La páprika

La pimienta se suele sustituir en muchas cocinas de Europa central por la páprika, que no es otra cosa que el polvo de guindillas, con gran contenido en capsicina, combinado con el de otros pimientos incluidos en la categoría de especias. Además de sus efectos tonificantes sobre la actividad sexual, la paprika es un excelente antiséptico intestinal.

El cardamomo

Esta planta oriental se agrupa en la familia de las cingiberáceas. Sus granos presentan un sabor parecido al de la pimienta. Su gusto picante y el perfume característico de esta planta de semillas granulosas y color pardusco le han valido ser bautizada como «una de las joyas de la India». En la actualidad, el cardamomo es conocido en todo el mundo y es uno de los integrantes de la composición del curry. Sus propiedades se asocian a la vez con las de la pimienta y con las del jengibre. Por estas razones, el cardamomo funciona en el plano de las actividades sexuales de una manera extraordinaria.

El cilantro

Dhania, denominación hindú del cilantro o coriandro, es una planta de la familia de las umbelíferas. Su grano secado presenta el volumen de uno de pimienta. Los iniciados admiran sus flores, de un hermoso azulrosado, pero rechazan su olor. A pesar de ello, saben que la absorción de sus granos enteros o molidos, empleados sobre todo en cocina, potenciará su ardor sexual. En Europa se han popularizado los *dals*, nombre con el que se conoce toda una serie de legumbres (como frijoles, guisantes, garbanzos o lentejas) que, bajo la denominación de *moong-dal*, *masoor-dal*, etc., deben ser consumidos con las mismas precauciones que las que han de adoptar con las restantes especias las personas con aparatos digestivos sensibles.

La nuez moscada

Es la almendra del fruto de la mirística, muy abundante en el archipiélago malayo y que crece también en la India, donde recibe el nombre de *jaipha*. De esta almendra, muy rica en grasas, se extrae la manteca de moscada. Salpimentada sobre los alimentos, la nuez moscada rallada los aromatiza intensamente; sus repercusiones sobre el ardor sexual se deben a sus efectos estimulantes sobre el sistema nervioso y a su acción congestiva sobre los órganos genitales. La prudencia también se impone en los casos de digestiones delicadas. Los hindúes del sur consumen nuez moscada en grandes cantidades. Para atenuar su sabor picante, la mezclan con *dahi* en sus platos de legumbres o frutas fuertemente sazonadas. Los europeos pueden hacer lo mismo, sustituyéndolo por yogur, cuya composición es parecida a la del *dahi*.

El curry

En este sabroso polvo que ha dado la vuelta a todo el mundo, podemos encontrar algunas plantas analizadas a lo largo de este capítulo: el jengibre, el cardamomo y el cilantro. También se halla esencia de clavo, producto fuertemente irritante. Este botón floral del clavero, estimulante del apetito y del sistema nervioso, no está recomendado para estómagos débiles. El curry es un perfecto acompañante del cordero y de las carnes de ave, a cuyos platos presta su nombre: cordero al curry, pato al curry, etc.

La gastronomía afrodisiaca

En todas las épocas y países, se han reconocido los efectos afrodisiacos de algunos alimentos y, sobre todo, de la forma de prepararlos. Se puede hablar de tantas cocinas como de regiones geográficas. No obstante, entre ellas hay que destacar algunas por su positiva influencia en las actividades carnales de ambos sexos. Entre ellas, la cocina china y la francesa son las más célebres, y el maridaje entre ambas constituye un combinado realmente explosivo.

En un restaurante chino, la dietética y el placer se alían en perfecta combinación, en todos los sentidos. En la cocina china, como en la francesa, el arte de valorar los alimentos alcanza su más alto nivel. El empleo de salsas, rellenos y escabeches remite a métodos de preparación con varios siglos, e incluso milenios, de antigüedad. Más adelante, analizaremos en profundidad estos temas.

Ante todo, nos gustaría precisar las razones por las que la cocina china está especialmente preparada para estimular la ascensión de la savia erótica, tanto en el hombre como en la mujer. El vigor sexual exige una base adecuada, esto es, un organismo perfectamente nutrido para demostrar la plenitud de sus capacidades. La alimentación china ayuda a conseguir ese estado tan anhelado, gracias a la trinidad dietética sobre la que está fundamentada y a la que nos vamos a referir en este capítulo: el arroz, el té y la soja.

El arroz

Este cereal, de gran difusión en todo el mundo, es el alimento básico de la nutrición asiática. En el sur de China, el arroz es el auténtico rey, como lo son todos los alimentos naturales, los pescados y las legumbres. El arroz es también un alimento habitual en la cocina del norte de China, Shanghai, Pekín, etc., pero, en esas latitudes, el trigo comienza a aparecer discretamente.

Las ventajas dietéticas del arroz

Se trata de un alimento muy digestivo; es muy rico en almidón, así como en azúcares de digestión lenta, cuyo interés dietético frente a los denominados «rápidos» es especialmente válido para los diabéticos o para las personas que no quieran engordar.

También presenta un excelente contenido en sales minerales y en vitaminas, especialmente cuando se consume en forma de arroz completo. Tras el proceso de pulimentado, desaparece una gran parte de sus ventajas dietéticas; los siguientes datos demuestran la diferencia, a veces enorme, que existe entre estas dos clases de arroz (los índices están indicados en miligramos por cada 100 gr).

Sales minerales

Arroz completo	**Arroz limpio y cocido**
Calcio: 23	10
Magnesio: 119	8
Fósforo: 325	28
Hierro: 2,6	0,2
Azufre: 121	27

Vitaminas

Recordemos que la vitamina B1 es esencial para el sistema nervioso, y que su intervención en la digestión de los azúcares es decisiva. La vitamina B2 es la de la «belleza de la piel», y es indispensable para el buen estado de las mucosas de la boca y de la visión. La vitamina B3 (llamada también vitamina PP o niacina) desempeña tantas funciones, que no podemos detallarlas aquí. Una de las que recientemente ha tenido mayor difusión es la de que es muy buena para la memoria. Por último, la vitamina E o tocoferol presenta una acción antioxidante que se opone a los radicales libres, generadores de los procesos de envejecimiento. Entre otras funciones, protege al corazón y a los vasos sanguíneos de las acumulaciones de colesterol. En el siguiente cuadro se puede observar la diferencia existente en las tasas de vitaminas (en miligramos por cada 100 gr), según se presente el arroz completo o limpio.

Arroz completo	**Arroz limpio y cocido**
Vitamina B1: 0,41	0,02
Vitamina B2: 0,09	0,01
Vitamina B3: 0,4	0,4
Vitamina E: 1,2	0,7

El escaso contenido de grasas en el arroz lo hace especialmente valioso en casos de obesidad, en situaciones de sobrecarga de peso en los que la persona debe seguir un régimen escaso en grasas diabéticas, en casos de arteritis de los miembros inferiores u otras alteraciones de las arterias en esa zona; también en las arterias coronarias y del corazón, sobre todo en casos de exceso de colesterol, de triglicéridos u otros lípidos en la sangre.

En materia sexual, algunas importantes causas de perturbación está relacionadas con la esclerosis de las arterias de las vías genitales; en estos casos, el arroz se muestra como un alimento que ayuda a proteger los vasos sanguíneos.

Otra de las ventajas del arroz es su capacidad para calmar el hambre, en función de su gran poder para llenar el estómago. Mientras que el pan necesita una media de consumo de 200 gr para calmar el hambre, se obtiene el mismo resultado con 50 gr de arroz, con lo que se absorben sólo 180 calorías, en lugar de las 500 del pan.

En el plano dietético, la presentación gastronómica del arroz varía en función de su preparación, que incrementa sus valores calóricos y sus cualidades naturales con la incorporación de jamón, cebolletas o huevo, como sucede en el arroz cantonés.

El arroz blanco con hojas de loto también contiene diversos ingredientes, pero, al estar sometido a una segunda cocción, la envoltura de hojas de loto presenta la propiedad de absorber las grasas, lo que explica su enorme poder dietético: así obtenemos un alimento sabroso y desprovisto de lípidos tóxicos.

Los cereales germinados y la cocina china

Es sabido que las ventajas que poseen los cereales germinados en dietética provienen de su gran contenido en aminoácidos. En la cocina china, los brotes de soja se consumen habitualmente en ensaladas, sopas o con verduras, platos que se suelen calentar muy suavemente para no eliminar las vitaminas sensibles a la acción térmica.

La magia del té

El té es la bebida más recomendable para saborear plenamente la cocina asiática y, muy especialmente, la china. Sus propiedades gustativas sólo pueden ser comparadas a sus béneficas virtudes para la salud y para la buena armonía de las actividades sexuales.

Un poco de historia: la primera taza de té

Retrocedamos unos 5.000 años en el tiempo, a un pasado que apenas podemos imaginar... En aquella época, varias dinastías de emperadores gobernaban en China. Uno de ellos, el emperador Shen Nung, descansaba en una tarde de bochornoso y pegajoso calor estival. Para apagar su sed, hizo hervir agua. Mucho antes que Semmelweis y Pasteur, ya conocía las más elementales nociones de antisepsia. Estaba sentado bajo un pequeño árbol, con la taza en su mano. Una hoja se desprendió y cayó en el interior de la taza. Ese arbolillo era un té silvestre. El agua se coloreó agradablemente, desprendiendo un sutil aroma. El emperador absorbió el brebaje y lo encontró muy bueno. ¡Acababa de beber la primera taza de té! Shen Nung se convirtió en un auténtico propagador de sus excelencias y, muy pronto, caravanas cargadas de té surcaron las montañas, los valles y las inmensas llanuras del imperio chino. Marco Polo lo introdujo en Europa y, más tarde, la Compañía de Indias inició su comercialización a gran escala.

En Francia, uno de los más fervientes partidarios del consumo de té fue Jean Racine. En 1662, el doctor Souchet logró que fuera reconocido como medicamento. En el libro *Les Fleures animées*, ilustrado por el célebre J. J. Granville, la flor de té dice a la de café: «Mi nobleza es 5.000 años más antigua que la vuestra. Data de la misma fundación del reino de China, el más antiguo de los reinos conocidos... En el armonioso murmullo de la ebullición, a la lumbre del fuego, se puede escuchar cantar a los espíritus. Mi color recuerda al de los cabellos de una hermosa rubia. Soy la poesía de Norte, melancólica y tierna.»

Los constituyentes del té

Básicamente, son la cafeína y los taninos. Es fundamental que la infusión no se prolongue demasiado. Más allá de los cinco minutos, sólo se extrae una pequeña cantidad adicional de cafeína, que se añade al 75% ya solubilizado. En cambio, el gusto acre y el sabor amargo se incrementan considerablemente. El aroma de té emana de sus aceites esenciales; además, contiene varias vitaminas: complejo B, C, K y PP. Otros productos incorporados al té, como el jazmín o la bergamota, añaden a las propiedades del primero las propias de sus principios activos. Sin embargo, resulta más difícil establecer conclusiones dietéticas precisas.

La preparación del té

Tras la recogida, las hojas extendidas sobre mesas fermentan y adquieren un color más oscuro. Gracias a una corriente de aire frío, la fermentación se interrumpe. Así se obtiene el té negro, el que habitualmente se encuentra en cualquier tienda. El té verde, tan consumido en África del Norte, el té a la menta, el de los musulmanes y las mezquitas, no ha sufrido proceso de fermentación. Ahí radica la diferencia.

Hay que destacar un punto esencial. La palabra *pekoe*, que en chino significa cabello o vello, designa también al botón del té. De hecho, el pekoe presenta la forma de un minúsculo cigarro enrollado, recubierto por una fina capa de vello. La concentración media en taninos de las diferentes hojas del té permite clasificarlas en primera, segunda, tercera, cuarta y quinta categoría, así como en hojas viejas. En una combinación de pekoe y hojas viejas, la concentración de taninos es de un 12%. Ésta desciende a un 3,5% cuando se trata sólo de las hojas. Esto explica que los mejores tés, los más ricos en taninos, contengan siempre pekoe. Hay que reconocer que, en materia de té, no se puede dar la primacía a China, y que los tés de la India y de Ceilán se encuentran entre los mejores del mundo.

¿Cuál es la aportación del té en el plano dietético?

- Es una excelente bebida digestiva cuando se consume tras las comidas, con la condición de que no sea excesivamente rica en taninos.
- Bebida durante las comidas, disminuye las flatulencias y calma los dolores gástricos de los estómagos delicados.

- Su extraordinario contenido en fluor combate la caries dental, como han demostrado recientes trabajos científicos.
- Bebido sin azúcar ni leche, una taza de té no aporta **ninguna caloría**; es la bebida ideal para personas obesas o con tendencia a engordar. Además, el efecto tónico del té reafirma la voluntad de adelgazar en el obeso y le permite prescindir de anorexigénicos o «engañadores del hambre».
- En los regímenes sin sal o poco salados, el té presenta la ventaja de no aportar más de 6 mg de sodio por taza como máximo.
- Ejerce un efecto tonificante sobre el corazón y la respiración. Evidentemente, esto se debe a su contenido en cafeína, de la que el té presenta todas las ventajas, pero también todos los inconvenientes. Las personas muy nerviosas y con corazones delicados deben prescindir del té, así como aquellas que presenten algún tipo de intolerancia personal. Se trata de una cuestión de lógica y experiencia.
- El té estimula beneficiosamente la eliminación de orina, con una buena proporción de excreciones de cloruros y de sodio.
- Favorece la concentración mental, la creación, la imaginación y la memoria, y permite superar el cansancio, ya sea físico o nervioso. Aquí también hay que

tener en cuenta las intolerancias: las personas muy nerviosas o fácilmente excitables deben mostrar prudencia o, incluso, abstenerse.

Se calcula que en el mundo se consumen alrededor de 14.000 tazas de té por segundo.

En el Japón: la misa del té

Con esa pintoresca terminología denominó el doctor F. de Lesdain a este ancestral rito alimenticio nipón.

En el siglo XV, ante La necesidad que los japoneses sentían de tranquilizar su carácter belicoso, el shogún Yoshimagu inventó oficialmnent el *Cha-No-Yu* o ceremonia del té. Al igual que en las viviendas japonesas, la simplicidad es el principio básico. En el centro de la pieza, un antiquísimo hervidor canta sobre el fuego. Los utensilios de la ceremonia son de una gran belleza: un cacillo de bambú, una caja lacada para el té, una taza provista de asa y una espátula de madera fina, uno o dos objetos de arte; eso es todo. Transcurren unos diez minutos de delicada contemplación; es todo lo que basta para apreciar, como se dice en Japón, el honorable hervidor y la honorable taza del honorable té. La ceremonia comienza. Casi se podría denominar la «misa del té». Es preciso entender que el té no es más que un pretexto, un medio de acceder al *Kimochi*, esa especie de estado emocional que persigue la mentalidad nipona. Se trata de intentar alejar los problemas del mundo, de olvidar el Yo, y de comunicarse con otros iniciados en la benevolencia mutua.

Cada uno de los gestos que el oficiante realiza es perfecto. Todo es noble en sus actos. Una relajante coreografía es la meta que se persigue. Así, mediante algunos elementales actos cuidadosamente estudiados, la ceremonia del té enseña a conseguir el perfecto control de uno mismo en la ejecución de gestos de la más absoluta pureza.

El té ya está hecho. Ahora hay que beberlo, siguiendo un riguroso ceremonial. En primer lugar, hay que ofrecer la taza al honorable Señor que está a nuestro lado, y que la rechaza sin palabras para saludar al señor de la casa que se ha dignado a preparar el té. Antes de beber, no hay que olvidar nunca girar la taza hasta que el motivo decorativo pueda ser visto por el anfitrión; lo contrario sería una grave incorrección.

Tras beberlo, hay que inclinarse ante la honorable taza en señal de cortesía y, después, cogerla con la mayor delicadeza para contemplarla en todos sus detalles; si es usted amante de estos recipientes, encontrará un gran placer en ello. Por turnos, se bebe el té muy lentamente, para acabar con un profundo saludo.

El «grano mágico», la soja

Esta leguminosa recuerda un poco en su apariencia a las judías enanas. Según las especies, la altura de la planta puede variar entre treinta centímetros y dos metros. El crecimiento más rápido y la cosecha más abundante corresponden a la soja amarilla. Otras especies tienen granos verdes, rojos o negros.

¿Por qué la soja es un alimento básico en Asia desde hace milenios?

Por su alto contenido en proteínas vegetales compuestas básicamente de «aminoácidos esenciales», sustancias indispensables para el organismo humano, que es incapaz de fabricarlas por sí mismo y que debe conseguirlas a través de la alimentación. Así, los asiáticos que consumen regularmente soja pueden prescindir de la carne, los lácteos o los huevos sin sufrir ningún tipo de carencia. Además, la soja presenta la ventaja de contener un alto índice de materias grasas, que puede llegar hasta un 20%. Estas grasas son de la mejor calidad dietética: ácidos grasos poliinsaturados, que ayudan a combatir el colesterol, y lecitina, que también posee muchas virtudes medicinales.

Las múltiples presentaciones de la soja

Los granos: No consumirlos nunca crudos, ya que son tóxicos. Se ponen en remojo durante unas 12 horas y, después, se cuecen durante unas dos horas. Este tipo de preparado suele ser bastante indigesto, por lo que se prefiere esperar a su germinación.

Los brotes: Poner los granos en remojo durante unas doce a quince horas, según las especies de soja, antes de dejarlos germinar. Para que esto se produzca, hay que pasarlos por agua tres veces al día, durante unos tres o cuatro días. Para consumirlos, hay que limpiar los brotes durante unos dos o tres minutos, o cocerlos al vapor o con aceite.

La harina de soja: Se elabora con granos molidos en casa o comprados en la tienda. Se utiliza en repostería, patés y postres.

La leche de soja: Es el zumo de soja preparado en casa o industrialmente. Puede sustituir a la leche de vaca.

El aceite de soja: Es el más producido y consumido en el mundo. Es un aceite de alta calidad y sabor neutro. Contiene valiosos ácidos grasos poliinsaturados: 50% de ácido linoleico y casi un 10% de ácido linolénico. Su contenido en ácido oleico es de un 20% y, además, es el más rico en vitamina E, la vitamina de la fertilidad y la sexualidad. Se emplea sobre todo en vinagretas, como aliño y en mayonesas. También se puede utilizar en la cocina doméstica, con la condición de evitar recalentamientos (más de 160°) y su empleo en frituras.

Las salsas de soja: *Tamari* y *Shoyu*. Se trata de dos condimentos muy estimulantes, que favorecen la actividad sexual. En su utilización, hay que tener en cuenta su alto contenido en sal.

El Tofu: Este producto se obtiene por coagulación de la leche de soja. Se comercializa en forma de tortas o en láminas. De sabor neutro y con multitud de usos (salsas para ensaladas, sopas, bolitas rellenas, etc.), debe estar muy bien sazonado y adobado.

Los tallarines de soja: Se preparan del mismo modo que las pastas de trigo duro.

Tempeh: Elaborado con soja y champiñones fermentados, se consume en forma de bastoncitos que sustituyen a la carne.

Miso: Este paté de soja y de arroz (o de centeno) está salado y fermentado, y se sirve como condimento con fuerte contenido en sal. Combina muy bien con la crema de sésamo en la elaboración de un paté para untar de fuerte sabor.

Los postres chinos

Si usted se vuelve loco por los platos dulces o aromatizados al alcohol, en los restaurantes chinos puede encontrar, en la primera categoría, los quinotos o las mandarinas confitadas, auténtico concentrado glucídico de frutas, y, entre los segundos, los buñuelos de piña, de plátano o de manzana, flambeados con alcohol de arroz o de otro tipo más occidentalizado. Todo depende de su línea y de sus necesidades dietéticas. Si lo tiene todo en contra, puede optar por lichis muy ricos en vitaminas y sales minerales, pero poco calóricos, o bien por un mango muy maduro. Muy difícil de transportar y conservar, el fruto del mango contiene muchas vitaminas, especialmente la A, hasta el punto de que puede emplearse como nutrición complementaria en las afecciones oculares y en las enfermedades de la piel provocadas por una carencia de dicha vitamina. El mango es rico en sales minerales y también hay que destacar su alto contenido en potasio (190 mg por cada 100 gr). También contiene hierro, fósforo, magnesio y calcio. Recordemos que el *chutney* (que se prepara también con tomate) es un concentrado de mangos que no han pasado por el tamiz. Combina a la perfección con una ensalada de arroz o de verduras en dosis muy pequeñas.

Preparación de salsas

Ejemplo de salsa para pescado preparada al alcohol

- 200 ml de caldo de ave
- 2 cucharadas soperas de azúcar de caña
- 100 ml de vino chino
- 1 cucharada sopera de harina de maíz
- 1 trozo de jengibre cortado en láminas (cuyo grosor estará en función del gusto especiado que se desee)

Ejemplo de salsa para pescado Szechuan

- 2 cucharadas soperas de salsa de soja fuerte
- 1 cucharada sopera de salsa de tabasco
- 1 cucharada sopera de azúcar cristalizada
- 200 ml de caldo de ave
- 1 cucharadita de harina de maíz
- 5 dientes de ajo
- jengibre en trozos (según el gusto especiado que se desee)
- 1 ramita de perejil y 2 rodajas de limón a modo de guarnición

Ejemplo de salsa para carnes

- 2 cucharadas soperas de salsa de chile
- 3 cucharadas soperas de salsa al aguardiente de ciruelas

Ejemplo de salsa a las cinco especias

Esta salsa es muy conocida y apreciada, y se puede encontrar en todos los comercios que tengan un apartado de comida china bajo la denominación de *Hong-Lu*. La técnica para prepararla consiste en picar en un mortero hasta obtener una mezcla muy homogénea los siguientes ingredientes:

- 2 cucharaditas de canela
- 2 cucharaditas de pimienta blanca (en su defecto, de pimienta negra)
- 4 estrellas de badiana (anís estrellado)

Consumir inmediatamente o, como máximo, en el mismo día. Pasado este tiempo, la salsa pierde gran parte de su aroma, y es preferible volverla a hacer.

Ejemplo de salsa a las cinco especias para pescado

- 1 cucharadita de «cinco especias», que se comprará en una tienda especializada o preparará usted mismo
- 2 cebolletas chinas bastante grandes y muy picadas
- 1 trozo de jengibre picado
- 2 cucharadas soperas de vinagre de vino
- 2 cucharadas soperas de azúcar de caña
- Facultativamente, añadir zumo de naranja, o cáscara de naranja o limón.

Ejemplo de salsa para gambas Szechuan

- 1 cucharadita de salsa de soja suave
- 1 cucharada sopera de vino chino
- 1 cucharada sopera de miel líquida
- 1/2 cucharadita de vinagre de vino
- 1/2 cucharadita de harina de maíz
- 1 cucharadita de concentrado de pimienta
- Salpimentar al gusto

Los escabeches

Se denomina así a una mezcla de vino y vinagre de vino que se sala y especia con laurel, pimienta, tomillo, ajo, cebolla, etc. En ella se deposita la carne o el pescado, que deben ser ablandados antes de cocinarse. Un escabeche puede servirse crudo o cocido.

Ejemplos de escabeche para una porción de carne, ave o pescado

Receta del escabeche para carne de vaca al maíz

- 2 cucharadas soperas de salsa de soja
- 1 cucharada sopera de aguardiente de arroz
- 1 cucharada sopera de harina de maíz
- 1 cucharada sopera de azúcar de caña
- 2 dientes de ajo

Receta del escabeche para carne de vaca al jengibre

- 4 cucharadas soperas de salsa de soja
- 2 cucharadas soperas de miel oscura
- 2 cucharadas soperas de harina de maíz

Receta del escabeche para el cerdo con pimientos

- 3 cucharadas soperas de salsa de soja
- 1 cucharada sopera de aguardiente de arroz
- 1 clara de huevo
- 2 cucharadas soperas de harina de maíz

Receta del escabeche para el cerdo asado

- 3 cucharadas soperas de salsa de soja
- 1/2 cucharadita de salsa de tabasco
- 3 cucharadas soperas de vinagre de vino
- 2 cucharadas soperas de aguardiente de arroz
- 3 cucharadas soperas de miel
- 2 dientes de ajo
- 1 cucharada sopera de fécula alimenticia
- 1 trozo de jengibre, cuyo grosor estará en función del gusto especiado que se desee

Receta del escabeche para el pollo con nueces de cajú

- 3 cucharadas soperas de vino chino
- 1 cucharada sopera de harina de maíz
- 1 clara de huevo

Receta del escabeche para el pato Szechuan

- 3 cucharadas soperas de salsa de soja
- 2 cucharadas soperas de vino chino
- 2 cucharadas soperas de miel

Receta del escabeche para el pescado a las cinco especias

- 2 cucharadas soperas de salsa de soja
- 1 cucharada sopera de vino chino

Preparación de los champiñones chinos

Método de preparación general

Remojarlos durante 20 minutos en agua tibia. Cocerlos durante unos 30 minutos en la misma agua. Retirar los champiñones. Cortar los pies para tirarlos, y los sombreretes, a láminas.

Algunas indicaciones sobre ciertas recetas

Si se preparan los champiñones para una sopa, se rehogan en aceite muy caliente y se añaden eventualmente otros ingredientes (carne y col, en el caso de una sopa Szechuan). A continuación, se vierte esta mezcla en un caldo que se pone a hervir durante cinco minutos. En el caso de la sopa Szechuan, se añaden los restantes ingredientes. Se salpimenta y se sigue cociendo durante dos minutos más.

Para un lenguado al vino con champiñones, la preparación inicial de las setas es idéntica. Cuando la salsa está a punto de ebullición, se añaden los champiñones y los filetes de lenguado. Entonces, se lleva a ebullición durante un minuto suplementario. Las cebolletas chinas no se añaden hasta el momento de servir el plato.

En las recetas anteriores, se utilizan champiñones aromáticos o negros. Para acompañar una carne, se prefiere sustituirlos por champiñones blancos (por ejemplo, con la carne de vaca al maíz). En la receta de cerdo con setas y bambú, la preparación inicial es la misma, y se rehogan en aceite los champiñones, los tallos de bambú y otros ingredientes complementarios como los chalotes o cebollas escalonias. Antes de mezclar con la salsa, se mantiene la cocción durante un minuto largo, sin dejar de remover.

En las empanadillas chinas, se utilizan champiñones negros para el relleno. En este caso, la preparación de las setas es la misma a la de las anteriores recetas. Sin embargo, hay que poner mucho cuidado en eliminar las fibras duras que quedan tras la cocción. A continuación, los champiñones se pican muy finamente y se rehogan en aceite caliente junto a la carne, la cebolla y el ajo, antes de mezclarlos con la salsa prevista.

En la elaboración de pastas con verdura, la preparación de los champiñones es la misma que en las recetas anteriores, pero hay que rehogarlos en el mismo aceite utilizado para las zanahorias y después para la col, que han sido sucesivamente retirados tras un minuto en el fuego. Estos tres ingredientes se mezclan después con la carne y la salsa en ebullición, que se mantendrá dos minutos más sin dejar de remover.

En la receta de los tallos de bambú con champiñones, la preparación inicial de las setas es idéntica, y también se rehogan en aceite (mezcla de aceite de cacahuete y de sésamo) antes de incorporar los demás ingredientes de la receta.

Los rellenos

Se denomina así a un picadillo de ingredientes (carnes u otros) que se introduce en el interior de un ave, se incorpora a una sopa o sirve para rellenar pastas como los raviolis.

Los grandes tipos de rellenos en cocina

Relleno de la masa de las quenelles *en tortitas*

En primer lugar, hay que dar la receta de las tortitas. Ésta puede hacerse:

Con leche: Para 300 gr de *quenelles* (especie de croqueta más alargada), hacer hervir 125 gr de leche y una cucharadita de mantequilla, y salar. Cuando la ebullición esté en marcha, añadir 60 gr de harina y remover con una espátula hasta obtener una pasta espesa. En caso de necesidad, añadir un poco de harina para espesar. Remover durante unos dos minutos hasta que la masa pierda todo el líquido; después, extenderla sobre un plato hasta que se enfríe completamente.

Con huevo: Verter en una cacerola 1/4 de litro de leche, 75 gr de harina, tres cucharaditas de mantequilla, un huevo, y añadir sal, pimienta y nuez moscada rallada, al gusto. Cocer removiendo con la espátula, hasta que alcance el espesor de una pasta de lionesas. Dejar enfriar. Esta masa es muy apropiada para el pescado.

El relleno para las *quenelles* se hará con 150 gr de landrecilla de ternera o de pechuga de pollo (quitar los nervios y la grasa), que se maceran hasta obtener un fino picado. Sazonar moderadamente con especias y salpimentar al gusto. Mezclar 75 gr de la masa anterior (véase más arriba). Continuar macerando y añadir 60 gr de mantequilla. Después, incorporar una yema de huevo, un huevo entero y una cucharadita de nata espesa. Pasar todo por un colador metálico. A continuación, trabajar con la espátula. Poner un poco de yema de huevo si el relleno no tiene color. Conservar en frío hasta el momento de servir.

La masa para las *quenelles* de pescado se prepara como la anterior, pero sustituyendo la ternera o el pollo por la carne del pescado. El lucio es mejor que la merluza, cuya carne no es lo suficientemente prieta (en ese caso, habrá que añadir más huevo).

Relleno muselina

(Preparación para ocho personas; por ejemplo, para rellenar un capón)

Macerar 250 gr de carne de ternera cruda; especiar y salpimentar. Después, mezclar con dos claras de huevo. Pasar el puré por el tamiz y verterlo en una cacerola, cubriéndolo con hielo picado. Trabajar convenientemente con la espátula. Introducir poco a poco y a cucharaditas 250 gr de nata fresca. Si el relleno no parece suficiente, añadir más clara de huevo. Este relleno es muy apropiado para aves y pescados.

Relleno céfiro

Al preparado anterior, añadir 100 gr de nata batida. Calentar en pequeños moldes con base de mantequilla y al baño María, que serán cubiertos con salsa. Se obtiene así un relleno de gran fineza, con el que se pueden preparar céfiros de ave, de jamón, de caza, de pescado, etc.

Relleno de cerdo para patés

Lo más sencillo es adquirir este paté, preparado en charcuterías. Pero si lo desea preparar usted mismo, debe disponer de una picadora que permita la obtención de un relleno de gran finura, muy distinto al de la simple carne picada. Provéase de 500 gr de cerdo fresco y muy magro. Pida que sean del cuello o de la paletilla. Añadir 500 gr de tocino gordo y fresco (que no debe estar salado). Pasar al menos tres veces por la picadora mecánica y, después, por el tamiz.

Relleno al gratén

Consiga 150 gr de tocino gordo y freso, y 250 gr de paté de caza o de ternera (el de ave posee una calidad muy inferior). Cortar muy fino el tocino y echarlo en la sartén para que se derrita. Este proceso será siempre parcial. No intente prolongarlo y, cuando el tocino esté bien hecho, añada los hígados que habrá previamente cortado en rodajas para que se hagan bien a fuego vivo, antes de soltar su jugo. Incorpore también los condimentos: perejil, chalote, laurel y tomillo, a razón de una cucharadita para cada uno. A fuego vivo, saltear de vez en cuando para evitar que se pegue. Después de saltear durante unos dos minutos, triturar para pasar por el tamiz. Antes de servirlo, se conserva en frío en un recipiente recubierto de papel vegetal. Este relleno es ideal para la carne de caza y también puede servirse untando en canapés (rodajas de pan con mantequilla sobre una superficie y fritas, sobre las que se colocan anchoas, salmón ahumado, etc.).

Ejemplo de relleno para raviolis

- 250 gr de gambas peladas
- 1/2 cucharadita de aceite de cacahuete
- 1 cucharadita de aceite de sésamo
- 1 huevo
- 1 cucharadita de aguardiente de arroz
- 1 cucharadita de harina de maíz
- Salpimentar al gusto

Ejemplo de relleno para raviolis de cerdo Wantun

- 500 gr de carne magra de cerdo picada
- 350 gr de espinacas (frescas o congeladas)
- 2 cucharadas soperas de salsa de soja
- 1 cucharadita de sal
- 1 cucharadita de azúcar

Ejemplo de relleno para el paté Imperial

- 250 gr de carne magra de cerdo
- 150 gr de gambas peladas
- 250 gr de brotes de soja
- 2 cucharadas soperas de salsa de soja
- 1 cucharada sopera de azúcar de caña
- 1 cebolla
- 1 apio entero
- Un poco de aceite para la cocción
- Salar al gusto

Ejemplo de relleno para las empanadillas chinas

- 300 gr de carne magra de cerdo
- 2 cucharadas soperas de salsa de soja

- 1 cucharada sopera de aceite de sésamo
- 6 champiñones aromáticos (o negros)
- 1 diente de ajo
- 1 cebolla
- Un poco de aceite de cacahuete
- Salpimentar al gusto
- Se pone una cucharadita de relleno en medio de cada rodaja de torta antes de cerrar cada empanadilla, que no se recubrirán con salsa hasta el momento de servir.

Ejemplo de relleno para pastelillos chinos al vapor

- 200 gr de judías blancas, cocidas y pasadas por el colador
- 3 cucharadas soperas de salsa de soja
- 1 cucharadita de aceite de sésamo
- 50 gr de azúcar de caña en polvo
- Se pone una porción de relleno en medio de cada galleta antes de formar el pastelillo

Caldos

Preparación del caldo de carne

Echar un kilo de carne en dos litros de agua fría. Añadir: un apio entero, una cebolla y un poco de pimienta, facultativamente una pizca de jengibre y de badiana. Llevar a ebullición, espumar y cocinar a fuego lento durante una hora y media. Filtrar y dejar enfriar, y después espumar. Consumir al momento o conservar. La conservación en el refrigerador no debe exceder de una semana (la carne también puede ser remplazada por ave).

Preparación del caldo de pescado

Echar un kg de pescado limpiado y troceado en dos litros de agua fría. Añadir: un apio entero, una cebolla y un poco de pimienta, facultativamente una pizca de jengibre y de badiana. Llevar a ebullición, espumar y cocinar a fuego lento durante una hora y media. Filtrar, dejar enfriar, y después espumar. Consumir al momento o conservar, teniendo en cuenta que la conservación en refrigerador no debe sobrepasar una semana.

Generalidades para la preparación del pescado

Para una sopa de pescado, se limpian los filetes, se extraen las espinas y se cortan en pequeños trozos. Éstos se salan (al mismo tiempo que las gambas, si es que tiene previsto ponerlas). Después se enharinan y se pasan por las claras de huevo, antes de meterlos en el caldo en ebullición, preparado aparte.

En ese momento, se añaden otros ingredientes (ajo, jengibre, etc.) y se mantiene la cocción a fuego lento durante cinco minutos.

Se espera a que finalice este tiempo de cocción suplementaria para añadir el líquido alcoholizado previsto (vino u otro) y el perejil picado.

En la preparación del lenguado al vino, los filetes deben ser cortados bastante grandes y después salados. Estos filetes se rebozan en una mezcla de claras de huevos y harina de maíz, y se dejan dorar dos minutos en la fritura.

Guarnición de cebollinos chinos palmeados

Preparación: Limpie las hojas del chalote o del cebollino (o de la cebolleta). Practique varias incisiones en el sentido longitudinal y transversal hasta la mitad. Introducir el preparado en agua fría. Al cabo de unos minutos, la palma se desplegará por sí sola. Estas palmas se utilizan como guarnición, combinadas con otros ingredientes, como ramitas de perejil o rábanos pelados abiertos. Las cebollas se cortan en trozos de unos dos cm. Se sofríen en aceite muy caliente, sin dejar de remover. En esta fase, se suelen añadir brotes de soja.

Los alimentos más capaces de activar el ardor sexual

En el capítulo anterior analizamos algunas plantas con efectos afrodisiacos y, entre ellas, un nutrido grupo de especias sobre las que no volveremos a tratar. Nos limitaremos a recordar la lista de nuestras favoritas: jengibre, canela, pimienta negra, pimienta blanca, pimienta de Jamaica, pimienta de Cayena, cardamomo, cilantro, nuez moscada y la clásica mezcla conocida con el nombre de curry.

Los alimentos que examinaremos a continuación poseen un carácter más genérico. Se pueden encontrar normalmente en Francia, España y otros países, y no especialmente en Oriente, a pesar de que algunos sean de origen asiático. La historia está llena de secretos de alcoba en los que estos alimentos han sido los protagonistas, y la sabiduría popular los contiene en sus refraneros.

Los espárragos

Pueden ser verdes o blancos, según estén expuestos a la luz o a la oscuridad. Poseen una fama de plato de lujo muy apreciada. Se sazonan con mantequilla, nata, huevos duros, salsas frías o salsa holandesa. También se pueden consumir con salsa vinagreta, mayonesa al yogur y a las hierbas, etc. Todos estos preparados son diuréticos y estimulan la actividad sexual.

Las cebollas

Originarias de Oriente y conocidas desde tiempos inmemoriales, estas liliáceas vivaces y bianuales, de bulbo único, presentan formas y grosores variables. Se distinguen los bulbos blancos y los de color, entre los que las cebollas negras poseen la mejor reputación en lo referente a materia sexual. Al igual que el ajo, la cebolla es también diurética. En cambio, es merecida su fama de lacrimógena, y el hecho de pelarlas nos lleva directamente a la expresión de «tristeza de amor». El aroma de la cebolla es similar por su composición química al del ajo, pero con una combinación azufrada.

Las trufas

Este raro tubérculo subterráneo, en cuya búsqueda se utilizan tradicionalmente cerdos y perros, es muy sabroso en sí mismo y muy apreciado por el sabor y el aroma que proporciona a otros exquisitos platos, como el *foie gras* o el pavo. Este champiñón ascomiceto también posee una gran reputación como afrodisiaco. Como decía Colette, «la trufa negra, granada, fría, la sorprendente planta que brota sin raíz». Y Brillat-Savarin la denominaba «el diamante de la cocina». Se decía que Mesalina las regalaba a sus amantes durante sus orgías. Otros grandes amantes de la historia, como Napoleón o Talleyrand, han alabado los méritos y la importancia de la trufa en sus proezas eróticas.

El hinojo

La variedad más conocida de esta umbelífera es el hinojo oficinal (*Fœniculum vulgare*), muy apreciado por los granos de sus semillas, que contienen una esencia compuesta, entre otros principios, de anetol. Se puede consumir en tisana, o mediante la decocción del hinojo y sus frutos en agua o leche para preparar una bebiba. De sus granos se puede extraer un aceite para aliñar salsas, sopas, etc. El hinojo de Florencia (*Fœniculum dulce*) o hinojo azucarado es una verdura muy apetitosa, que se puede consumir cruda en ensaladas o cocida. La fama que tiene el hinojo por su capacidad de excitar las funciones genésicas no es gratuita. Dejando a un lado el consumo alimenticio, es muy recomendable el cóctel tónico de hinojo. Para una persona, se debe mezclar: media cucharada sopera de hinojo rallado, el zumo de dos naranjas, una cucharada sopera de azúcar en polvo y una de zumo de corteza de raíz de agracejo. Colar y beber helado.

El perifollo

Esta umbelífera, originaria de Asia septentrional y del sur de Rusia, también se encuentra en estado silvestre en Europa. Se puede cultivar fácilmente en jardín. Es parecida al perejil y a la cicuta, por lo que es muy conveniente saber distinguirlos. Es una hierba primaveral, que se suele utilizar para la preparación de sopas, ensaladas, salsas, etc. Hay que procurar que no hierva mucho, ya que pierde su sabor. El perifollo tiene fama de procurar al que lo consume un gran ardor sexual. Pero, para ello, hay que especificar las presentaciones; las preferencias entre los iniciados se decantan hacia la sopa con gran concentración de perifollo y acompañada con acedera, así como de hinojo con sal de cocina. El perifollo bulboso se prepara como hemos señalado para el hinojo.

La alcachofa

Los versos que celebran las virtudes de la alcachofa para estimular los ardores viriles son demasiado conocidos como para volver a ser repetidos aquí. A pesar de que estos versos pueden parecer demasiado crudos a los oídos de algunos espíritus pudorosos, las alcachofas pueden prepararse crudas o cocinadas, sin que por ello pierdan ninguna de sus propiedades. Lo que se consume es la parte inferior de las hojas y el interior de la planta, también denominado corazón. La *Cynara scolymus*, alabada sucesivamente por Plinio, Columela y Galieno, tuvo un lugar privilegiado en la mesa de los reyes franceses del siglo XVI. Pero fue mucho más tarde cuando el análisis químico demostró la presencia de un principio activo que sería de gran validez para diversas especialidades farmacéuticas: la cinarina. Las virtudes que, tradicionalmente, se relacionan con el funcionamiento de la vesícula biliar han eclipsado un tanto a sus restantes propiedades. No hay que olvidar que la alcachofa es un valioso complemento en las lides eróticas.

Las recetas culinarias con alcachofas

Son muy numerosas y tienen gran reputación por sus positivos efectos sobre la virilidad masculina. En materia sexual, son de gran eficacia las alcachofas rellenas, estofadas, con alcaparras o huevo, a la oranesa (con limón y aceite de oliva), a la provenzal (con limón emperejilado y aceite de oliva), con champiñones emperejilados y aceite de oliva. También a la parisina, o los corazones de alcachofas dorados.

También puede aprovechar los beneficios eróticos de la alcachofa consumiéndola como infusión o decocción, o bebiendo su zumo natural.

Con respecto a los juegos eróticos, nuestras preferencias se decantan hacia las láminas de alcachofa a la Diana, receta orientalizada: un corazón de alcachofa se corta en finas láminas. Se pasan por el molinillo 50 gr de champiñones y se mezclan con un poco de aceite, después se salan y se añade perejil. Los champiñones macerados se colocan en el fondo de un plato, y se sobreponen las láminas de alcachofa. Se cubre con nata y se introduce en el horno a fuego lento hasta que se caliente la nata, pero sin llegar a punto de ebullición. Para que este plato conserve su aire oriental que subraye los efectos deseados, añada en el momento de servir unas cuantas gotas de salsa de guindilla.

Asimismo, citaremos la reputación como afrodisiaco de las morillas, los riñones de gallo, el caviar, los rábanos blanco (muli) y negro, o el jaramago (preferentemente como acompañamiento en ensalada, para los amantes de la carne). En Oriente, disfrute con las frituras de holoturia o cohombro de mar. Tampoco se olvide del *Nuoc-nam*, salsa indochina hecha con un macerado de intestinos de pescado, mezclado con sal y especias. Este afrodisiaco constituye también una fuerte agresión para cualquier estómago delicado. En los restaurantes chinos de cualquier parte del mundo puede disfrutar de las sopas de nido de golondrina, confeccionados con la saliva de estas aves y ocultos en grutas cavernosas o en escarpadas paredes de acantilados, inaccesibles excepto para los valerosos indígenas que exponen su vida para conseguirlos.

Un valioso consejo por lo que respecta a las salsas de vinagreta. Si desea que el placer de los sentidos no se limite exclusivamente a la gastronomía, sino que trascienda también a las hazañas sexuales, sustituya el vinagre clásico por el de agraz.

Los mariscos han gozado desde siempre de una merecida fama en el terreno erótico. Comience por una ostras con limón o salsa de chalote, regadas con un buen vino blanco seco. Son muy ricas en glicerofosfatos, estimulantes del sistema nervioso, tonificantes y mineralizantes. No olvide los bogavantes, las langostas o los cangrejos tan apreciados por la reina Margot, que los servía con gran éxito en sus célebres «cenas amorosas». Piense también en las gambas, de las que Alain Ouk, maestro de la cocina cantonesa, nos desvela su receta personal al final de esta obra. Se consumirán con arroz cantonés muy aromatizado, con salsa de soja y con salsa de pimientos.

Tres recetas de la Casa del Placer

Pato a las cinco especias

Despellejar un pato entero y vaciarlo. Frotarlo enérgicamente con una mezcla de sal, cebolla, ajo y polvo de cinco especias, que se puede encontrar preparado en comercios especializados y cuyos componentes son: anis estrellado (badiana de China), canela, cilantro, pimienta especiada china y esencia de clavo. Introducir esta mezcla en el interior del pato. Colgarlo y dejarlo secar durante unas cuatro horas para que los ingredientes penetren bien y se aireen. Cocinarlo al vapor durante una hora y media, aproximadamente. Este tipo de cocción conserva todo el sabor de la carne del pato. Antes de servir, freír el pato en aceite de cacahuete para que quede más crujiente. Trinchar y servir.

Arroz de loto (mejorado por Alain Ouk)

Para cuatro personas, hervir 250 gr de arroz natural (o mejor, de arroz aromatizado), después de limpiarlo bien. Dejar enfriar e incorporar: 50 gr de gambitas peladas, 50 gr de jamón de París cortado en trozos pequeños, dos cucharadas soperas de guisantes, un manojito de cebollinos picados, tres champiñones chinos aromatizados (cocidos previamente una media hora y finamente picados), una tortilla de un huevo muy batido, y una cucharada sopera de salsa de ostras (producto salado que se dosificará según el gusto personal). Añadir dos cucharadas soperas de aceite de cacahuete (o de girasol) y dos salchichas chinas cortadas en trozos muy pequeños. Cocinar al vapor durante una media hora. Enrollar todos los ingredientes en una hoja de loto (que se puede adquirir en cualquier tienda especializada). Remojar la hoja durante una media hora en agua muy tibia para reblandecerla. Las materias grasas son absorbidas por la hoja de loto que, al mismo tiempo, aporta una nota de frescor y un agradable aroma.

Gambas pimentadas *(receta en dos tiempos)*

1. Para cada porción, coger tres gambas, macerarlas cuidadosamente durante varios minutos, mezclándolas con una cucharadita de clara de huevo y una pizca de sal. Cocer durante unos tres cuartos de hora en aceite tibio. El secreto está en no dejar que se cuezan del todo. Sacar del aceite y dejar a un lado.
2. En una sartén, sacar todo el jugo de tres cebollas medianas y añadir una cucharadita de jengibre fresco cortado en láminas muy finas, una cucharada sopera de tomate concentrado, una cucharadita de azúcar, un poco de pimienta y algunas gotas de pimienta líquida; espesar con una pizca de fécula de patata. Verter esta salsa sobre las gambas y servir.

Índice

Prefacio 7

Introducción 11

Los conceptos del yang y el yin
  en la sexualidad oriental 15

El taoísmo, ciencia sagrada del amor 19

Los chakras 40

Caricias al estilo oriental 58

Aportación de las técnicas orientales para
  estimular el ardor sexual 61

Mantras y sexualidad 66

Acupuntura y sexualidad	76
Digitopuntura y sexualidad	84
Shiatsu y sexualidad	90
Tai Ch'i Ch'uan y sexualidad	95
Língams y sexualidad	104
Los preliminares	115
La relación carnal o coito	144
El control de la eyaculación	167
La eyaculación precoz, prematura o acto breve	186
El problema de la erección fláccida: una solución oriental	196
El jardín de Eros	207
La gastronomía afrodisiaca	225

ALTERNATIVAS

La más completa guía práctica de las técnicas del arte amatorio de Oriente y Occidente.

Masajes íntimos para parejas. Cómo obtener el máximo placer y plenitud sexual.

Tantra: la alquimia sexual. Los caminos hacia el éxtasis absoluto.

Libros para un nuevo estilo de vida

VIDA POSITIVA

Ejercicios, afirmaciones y meditaciones que ayudarán a las mujeres a mejorar psicológica, emocional y espiritualmente.

Afirmaciones positivas para eliminar miedos y temores y afrontar cualquier situación con serenidad.

Visualizaciones para relajarse, eliminar el estrés y aliviar y curar dolores y enfermedades.

esarrollo personal - autocuración - vida interior

VIDA POSITIVA

Este libro le enseñará a comprender y practicar desde los sencillos ejercicios de respiración hasta las más complejas técnicas meditativas.

Técnicas para aliviar de forma inmediata los problemas causados por el estrés cotidiano.

Una gran colección de visualizaciones guiadas para resolver nuestros problemas cotidianos y aprender a cambiar nuestra vida.

Desarrollo personal-autocuración-vida interior